Skoldo Book Two

AF469294

Nom: ....

Classe: ....

Welcome to Skoldo Book Two

Skoldo's ready to take you into a wonderful world of French.
Enjoy working through this book!

Je parle	J'écris	J'écoute	J'apprends	Je lis	Je comprends

Skoldo Book Two
Contents

les pièces

Aujourd'hui, c'est ....

Vocabulaire

la chambre - bedroom
la cuisine - kitchen
le salon - sitting room/lounge
la salle à manger - dining room
la salle de bains - bathroom

Je sais parler français

"Comment vas-tu?" - How are you?
(When talking to friends, family members, animals)
"Comment allez-vous" - How are you?
(When talking to adults you do not know, those in authority, plural)
"Je vais bien, merci." - I'm fine, thank you.
"Au revoir - Good bye.

1 Entoure le bon mot. Circle the room where you would find the following.

	le salon la chambre la cuisine la salle à manger		le salon la chambre la cuisine la salle à manger		la salle de bains le salon la chambre la cuisine
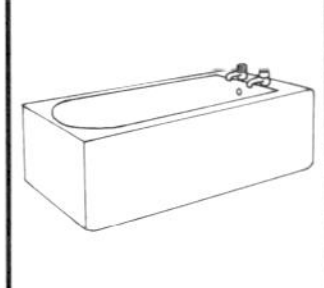	la salle de bains le salon la chambre la cuisine	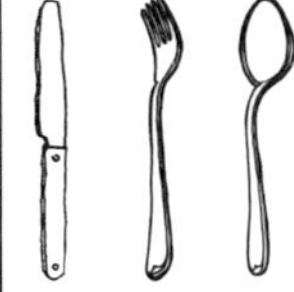	le salon la chambre la cuisine la salle à manger	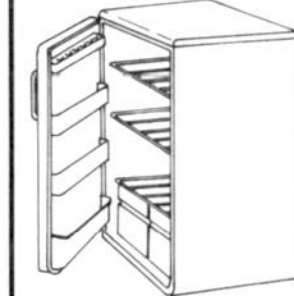	le salon la chambre la cuisine la salle à manger
	la salle de bains le salon la chambre la cuisine		la salle de bains le salon la chambre la cuisine		le salon la chambre la cuisine la salle à manger

2 Écris le nom de chaque pièce sous l'image. Label each room.

______________________ ______________________

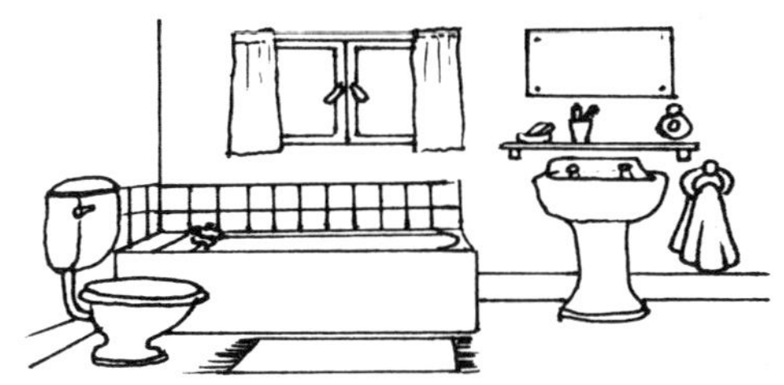

______________________ ______________________

3 Je sais parler français. I know how to speak French.

See extra tape transcripts on page 59

la cuisine

Aujourd'hui, c'est ....

Vocabulaire

l'évier (m) - sink
le réfrigérateur - fridge
le four - oven
la cuisinière - cooker
la machine à laver - washing machine

Grammaire

Nouns beginning with:
la - féminin **le** - masculin
l' - féminin ou masculin
les - pluriel
These are called definite articles - les articles définis
Où est? - Where is? dans - in

1 Nomme et colorie les images. Label the pictures and colour them in.

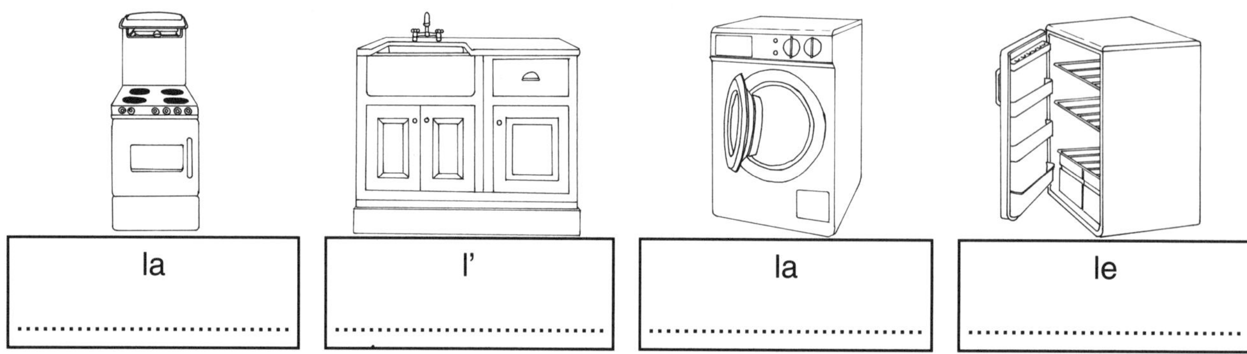

2 Colorie de la même couleur, les deux moitiés identiques.
Colour the two identical halves the same.

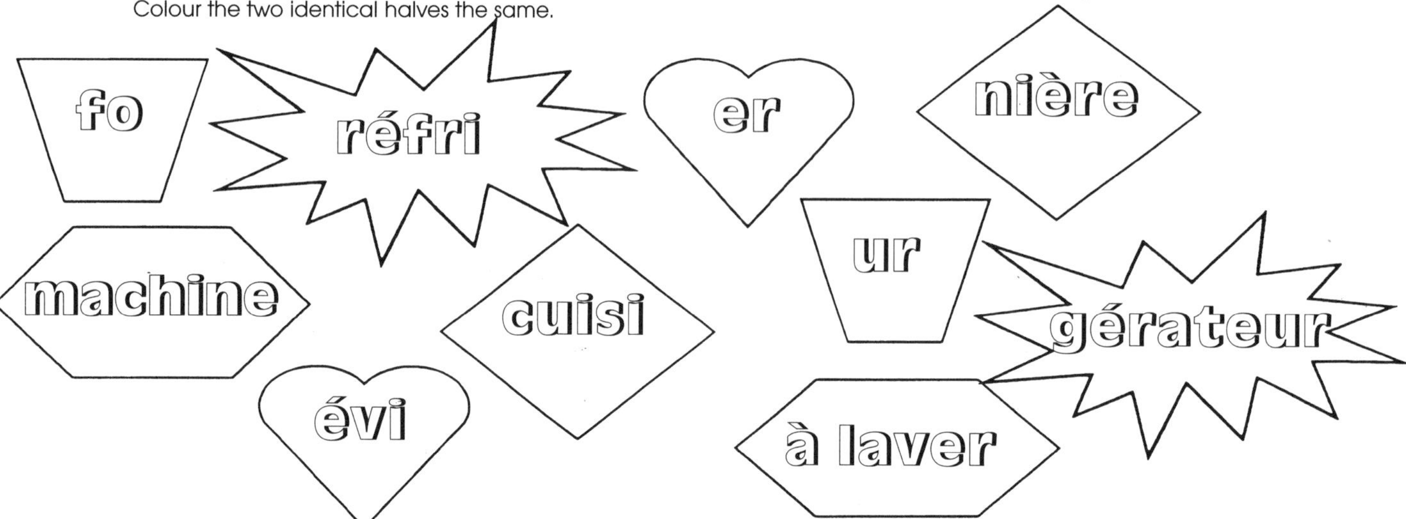

3 Souligne ou colorie les cinq mots cachés. Underline/colour the five hidden words.

alidmachineàlavernaworeicuisinièreseirp
réfrigérateurlfourtghrwmhwibcwévierqse

4 Je sais parler français. I know how to speak French.

la salle de bains Aujourd'hui, c'est ....

Vocabulaire
la baignoire - bath
le lavabo - basin
le savon - soap
la serviette - towel
les toilettes (f) /les WC - toilet/loo
la brosse à dents - toothbrush

Grammaire
Don't forget that colours must agree with the nouns they describe.
For feminine words (la) add en **e**
For masculine words (le) leave unchanged
For plural words add an **s**
N.B. marron and orange never change
violet/violet**te** blanc/blanc**he**

1 Écris les noms des images. Label the pictures.

g a

e h

f d

c b

a	e
....	....
b	f
....	....
c	g
....	....
d	h
....	....

2 Ajoute les voyelles pour compléter les mots. Add the missing vowels.

l_ s_v_n   l_s t__l_tt_s   l_ s_rv__tt_

l_ b__gn__r_   l_ l_v_b_

3 Colorie et écris la bonne couleur. Rewrite the French words adding the correct colour.

Le lavabo est (vert)

....

La baignoire est (jaune)

....

Le savon est (rose)

....

Les serviettes sont (orange)

....

Les toilettes sont (bleu)

....

La serviette est (blanc)

....

4 Réponds aux questions. Answer the questions using the given colours.

1. De quelle couleur sont les serviettes? (violet)

....

2. De quelle couleur sont les toilettes? (orange)

....

3. De quelle couleur est la baignoire? (bleu)

....

le salon

Aujourd'hui, c'est ....

Vocabulaire

le canapé - sofa
la chaise - chair
le coussin - cushion
le fauteuil - armchair
la table - table
le plancher - floor

Les pronoms possessifs

If you want to say **your** (friends/animals/family) you say:

ton (le words)	le cheval	ton cheval your horse
ta (la words)	la chemise	ta chemise your shirt
tes (les words)	les chats	tes chats your cats

If you want to say **my** you say:

mon (le words)	le cheval	mon cheval my horse
ma (la words)	la chemise	ma chemise my shirt
mes (les words)	les chats	mes chats my cats

1 Réponds aux questions.
Answer the questions.

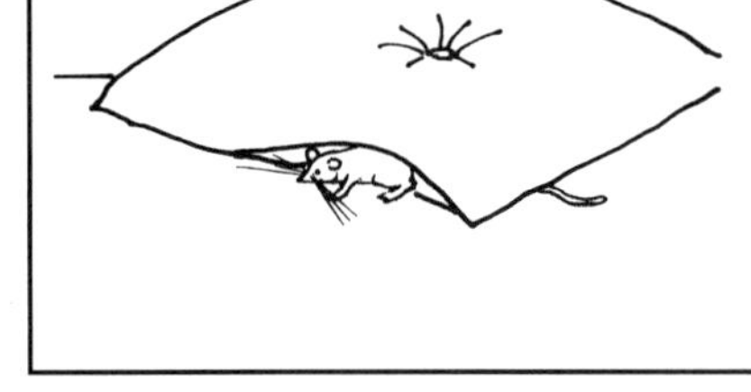

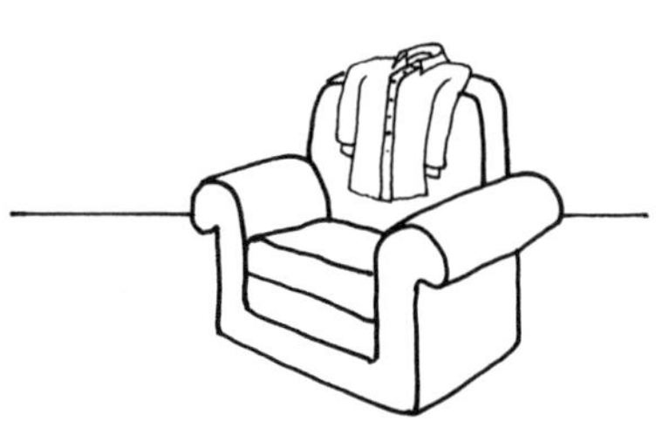

a Où est ton chat noir? Mon chat noir est sous la table.

b Où est ton canapé bleu? ....

c Où est ta souris blanche? ....

d Où est ta chemise verte? ....

e Où sont tes bonbons violets? ....

f Où sont tes chaises marron? ....

2 Écris les mots dans les cases.
Write each word in its correct shape.

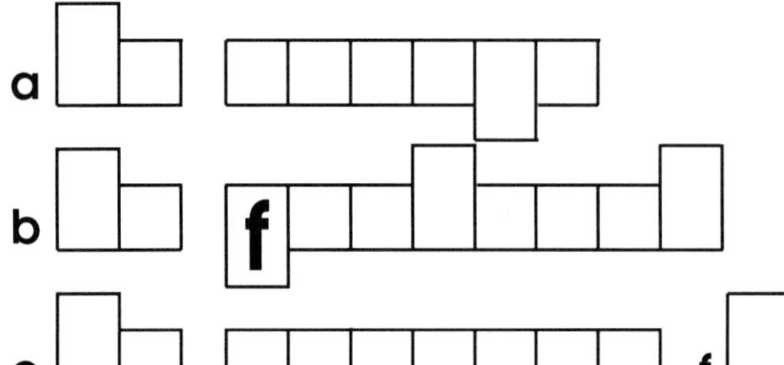

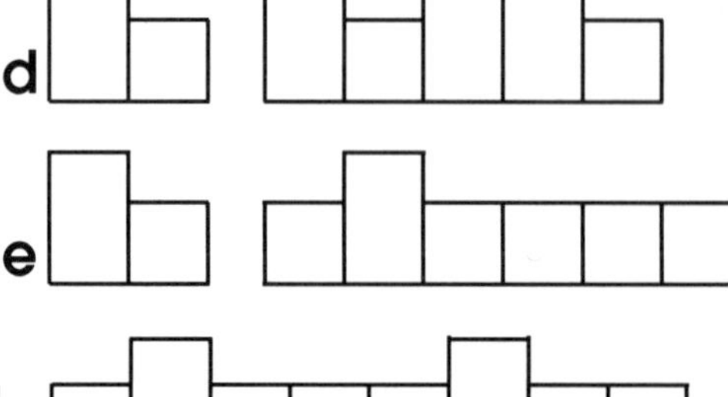

f

See extra tape transcripts on page 59

les adjectifs (i)

Aujourd'hui, c'est ....

Vocabulaire

mouillé - wet
sec/sèche (f) - dry
chaud - hot froid - cold
petit - small
grand - big/tall
gros/grosse (f) - big/large

Grammaire

NB Adjectives must agree with the nouns they describe.
For adjectives describing **feminine** words (la) add an **e**
If the adjective ends in **é** you still add an extra **e**.
If the adjective ends in an **e** it remains unchanged.
For adjectives describing **masculine** words (le) leave unchanged
For plural words add an **s**.

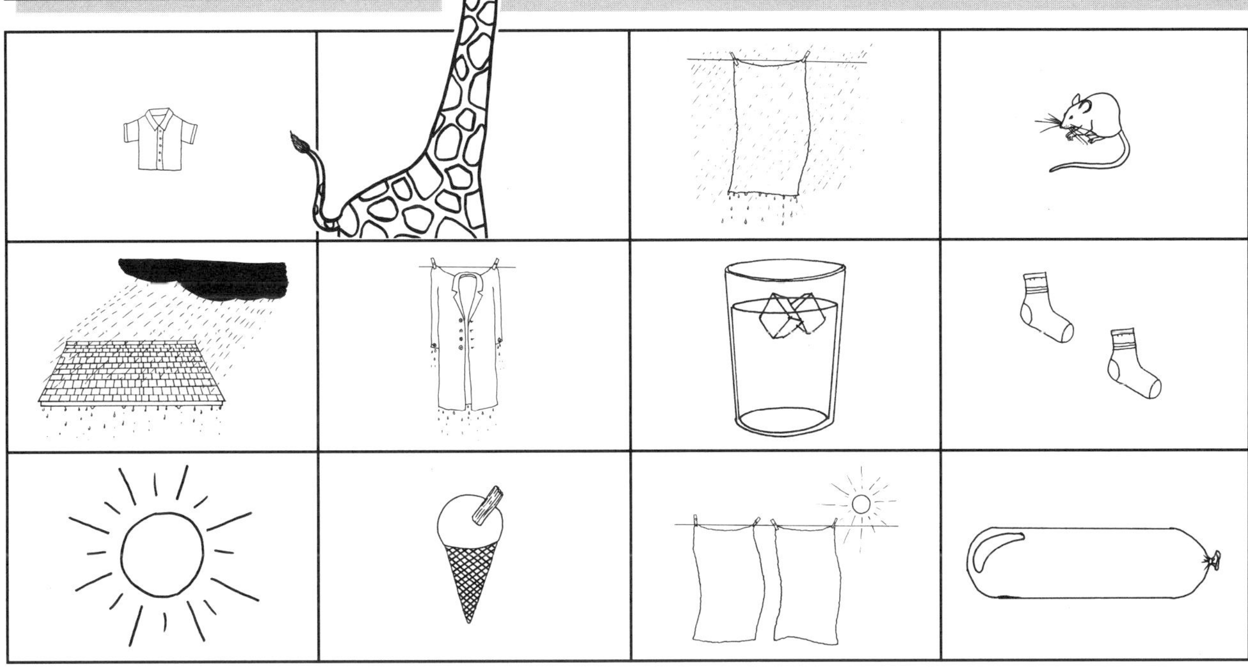

1 Écris le bon adjectif. Write the correct adjective.

a) La glace est ....
b) La serviette est ....
c) La chemise est ....
d) L'eau (f) est...
e) Les chaussettes sont ....
f) Le ballon est ....
g) Le soleil est ....
h) Le manteau est ....
i) La girafe est ....
j) La souris est ....
k) Les serviettes sont ....
l) Le toit est ....

2 Écris tous les adjectifs dans la grille. Write all the adjectives in the grid.

	masculin singulier	féminin singulier	masculin pluriel	féminin pluriel
grand	....	....	....	....
petit	....	....	petits	....
sec	....	....	....	....
mouillé	....	....	....	....
chaud	....	....	....	....
froid	froid	....	....	....

See extra tape transcripts on page 59

Est-ce que

Aujourd'hui, c'est ....

Grammaire

When you add **est-ce que** before a sentence it turns into a question.
Est-ce que changes to **est-ce qu'** before a vowel.
Tu es enfant unique. You are an only child.
Est-ce que tu es enfant unique? Are you an only child?
Tu as des frères. You've got brothers.
Est-ce que tu as des frères ou des soeurs? Have you got any brothers or sisters?
Oui - yes Non - no J'ai - I have Je suis - I am

1 Réponds à la forme affirmative. Answer in the affirmative.

1. Est-ce que tu es enfant unique? ....
2. Est-ce que tu as des frères? ....
3. Est-ce que tu as des soeurs? ....
4. Est-ce que tu as un hamster? ....
5. Est-ce que tu as un chien? ....

2 Coche si vrai et pose les questions à haute-voix.
Tick if correct. Read questions out aloud.

a. Est-ce que le savon est dans le lavabo? ❒
b. Est-ce que le livre est dans la baignoire? ❒
c. Est-ce que les chaussettes sont dans le lavabo? ❒
d. Est-ce que les chaussures sont sous la chaise? ❒
e. Est-ce que la chemise est sur la chaise? ❒
f. Est-ce que la serviette est sous la chaise? ❒
g. Est-ce que la brosse à dents est sur le plancher? ❒
h. Est-ce que l'eau est dans les chaussettes? ❒

See extra tape transcripts on page 59

la révision

See extra tape transcripts on page 59

Où vas-tu? (i)

Aujourd'hui, c'est ....

Vocabulaire

la boulangerie/la pâtisserie - bakery/cake shop
la charcuterie - pork butcher's/delicatessen
la boucherie - butcher's
la poste - post office
la pharmacie - chemist's

Grammaire

to (building), in French, is **à**
à (to) + **la** (the) is written **à la** (to the)
à la pharmacie - to the chemist's
à la boucherie - to the butcher's
Où vas-tu? - Where are you going?
Je vais à la ... - I'm going to the ...

1 Réponds aux questions. Answer the questions.

Où vas-tu?

....

....

Où vas-tu?

....

....

Où vas-tu?

....

....

Où vas-tu?

....

....

2 Écris les mots dans les cases.
Write each word in its correct shape. Label the pictures below with a, b, c, d or e.

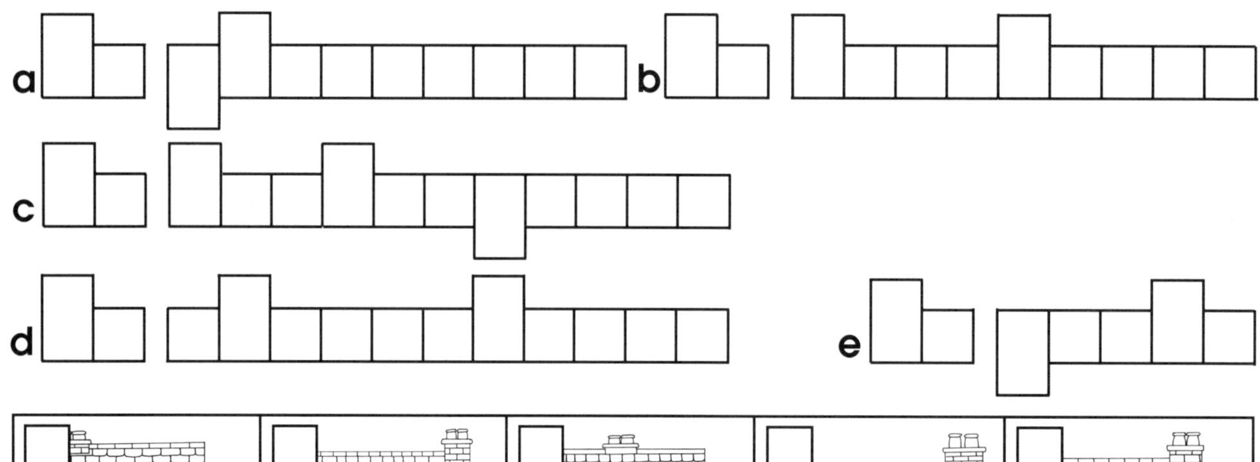

3 Je sais parler français. I know how to speak French.

Où vas-tu? (ii)

Aujourd'hui, c'est ....

Vocabulaire
le cinéma - cinema
le supermarché - supermarket
le tabac - tobacconist's
le marché - market
le café - café

Grammaire
to (building), in French, is **à**
Never forget! à (to) + **le** (the) is written **au** (to the)
au cinéma - to the cinema
au magasin - to the shop (le magasin)
Où vas-tu? - Where are you going?
Je vais au port. - I'm going to the port.

1 Réponds aux questions. Answer the questions.

Où vas-tu? ....

Où vas-tu? ....

Où vas-tu? ....

Où vas-tu? ....

2 Écris les mots dans les cases.

Write each word in its correct shape. Label the pictures below with a, b, c, d or e.

a

b

c

d

e f

3 Je sais parler français. I know how to speak French.

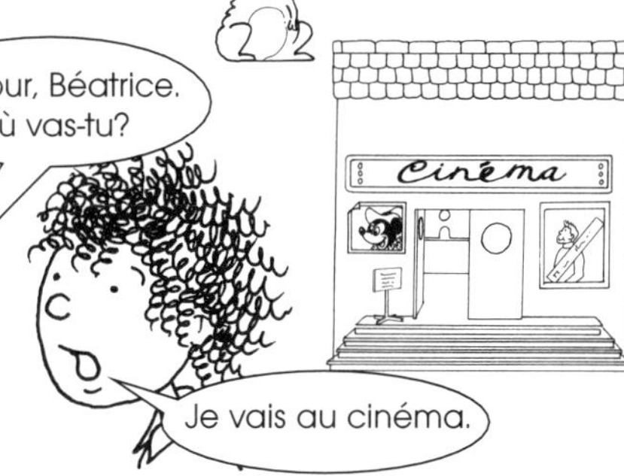

Où vas-tu? (iii)

Aujourd'hui, c'est ....

Vocabulaire
l'église (f) - church
l'école (f) - school
l'hôtel (m) - hotel
l'hôpital (m) - hospital
l'hôtel de ville (m) - town hall

Grammaire
to (building), in French, is **à**
à (to) + **l'** (the) is written **à l'** (to the)
à l'école - to (the) school
à l'hôpital - to (the) hospital
Où vas-tu? - Where are you going?
Je vais à l'église. - I'm going to (the) church.

1 Nomme et colorie les images. Label and colour these pictures.

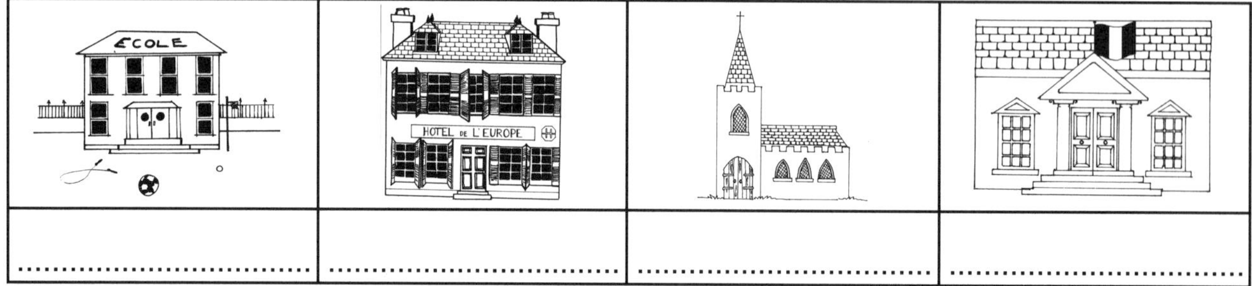

....	....	....	....

2 Écris les mots: **à la, au, à l'** devant chaque mot.
Write the correct form of 'to the' in front of each word.

................gare ....cinéma ....école ....pharmacie

................marché ....hôpital ....boulangerie ....tabac

3 Écris les articles définis devant chaque mot.
Write the definite articles before each word.

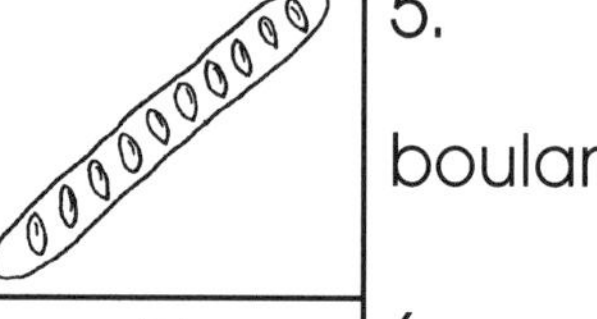

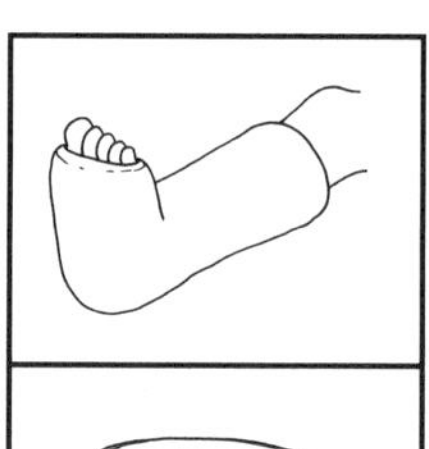

1. poste
2. marché
3. cinéma
4. hôtel
5. boulangerie
6. église
7. hôpital
8. café
9. école

4 Je sais parler français. I know how to speak French.

See extra tape transcripts on page 59

la révision

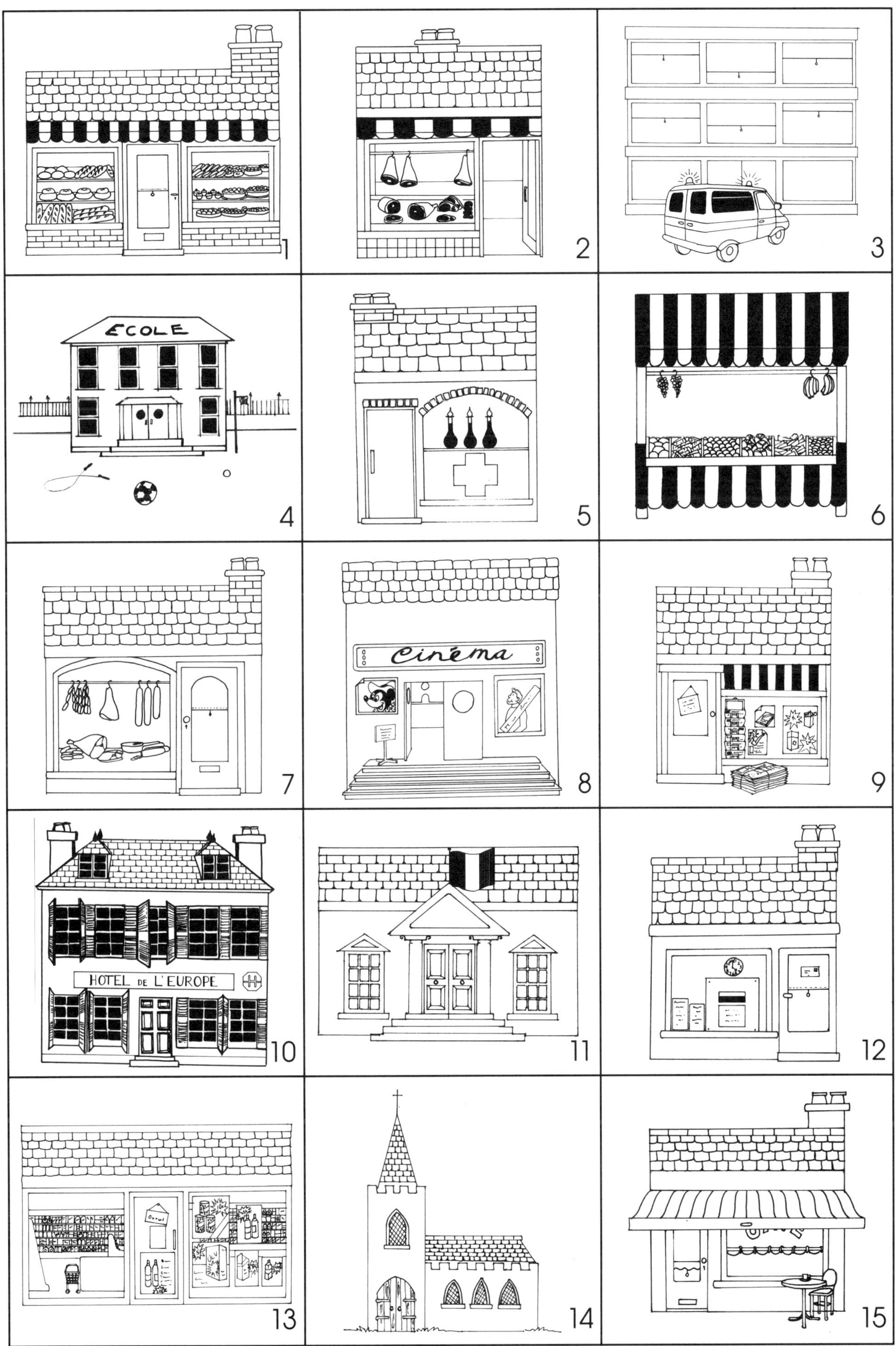

See extra tape transcripts on page 59

les adjectifs (ii)

Aujourd'hui, c'est ....

Vocabulaire

ouvert - open
fermé - shut/closed
long/longue (f) - long
court - short
nouveau/nouvelle (f) - new
vieux/vieille (f) - old

Grammaire

NB Adjectives agree with the nouns they describe.
For adjectives describing **feminine** words (la) add an **e**
If the adjective ends in **é** you still add an extra **e**.
If the adjective ends in an **e** it remains unchanged.
For adjectives describing **masculine** words (le) leave unchanged
For plural words add an **s** unless it ends in **u** when you add an **x**.
If it ends in an **x** leave unchanged.

1 Entoure le bon adjectif. Circle the correct adjective.

2 Écris tous les adjectifs dans la grille. Write all the adjectives in the grid.

	masculin singulier	féminin singulier	masculin pluriel	féminin pluriel
vieux	....	....	....	....
nouveau	....	....	nouveaux	....
ouvert	....	....	....	....
fermé	....	....	....	....
long	....	....	....	....
court	....	....	....	....

See extra tape transcripts on page 59

J'ai faim. (i)

Aujourd'hui, c'est ....

Vocabulaire
la viande - meat la pizza - pizza la salade - salad la glace - ice-cream la soupe - soup

Grammaire
There are several ways, of saying 'some' when you mean a portion of something. For feminine words (la) you say **de la.** Je voudrais **de la** soupe. I'd like some soup. A full list of food, found in both books one and two, can be found at the back of this book.

1 Écris les mots pour chaque dessin. Copy the words for each picture.

— —
— — — — — —

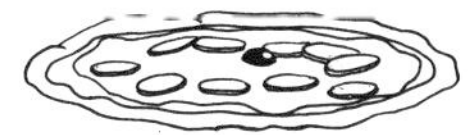

— —
— — — — — —

2 Associe les images avec le vocabulaire de la liste.
Write the French word associated with each picture.

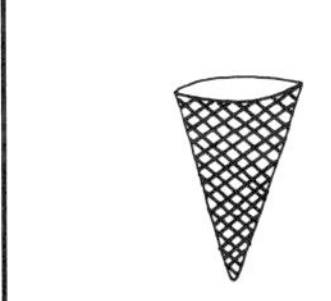				
....	....	....	....	....

3 Trouve et colorie les cinq mots du vocabulaire. Colour the five hidden 'food' words.

dpiejfrsaladepqwgealpizzaqsnfljwgi
nemgfsoupereoaldjfapdviandeapewq
owjhdsafgwsglaceplkufmqweoamwqi

4 Je sais parler français. Vous désirez? Can I help you? (In a shop).

Je voudrais de la viande, s'il vous plaît.	Je voudrais de la salade, s'il vous plaît.	Je voudrais de la soupe, s'il vous plaît.	Je voudrais de la pizza, s'il vous plaît.
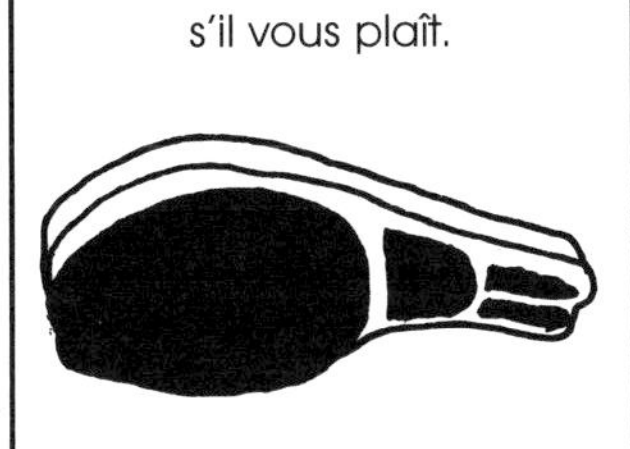			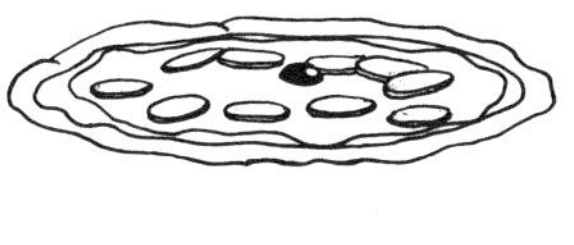

See extra tape transcripts on page 59

J'ai faim. (ii)

Aujourd'hui, c'est ....

Vocabulaire

le gâteau - cake
le jambon - ham
le sucre - sugar
le poulet - chicken
le riz - rice

Grammaire

There are several ways, of saying 'some' when you mean a portion of something.

Don't forget: For masculine words (le) you say **du.**

Je voudrais **du** gâteau. I'd like some cake. (a portion of)

Je voudrais **du** jambon. I'd like some ham. (a portion of)

1 Écris les mots pour chaque dessin. Copy the words for each picture.

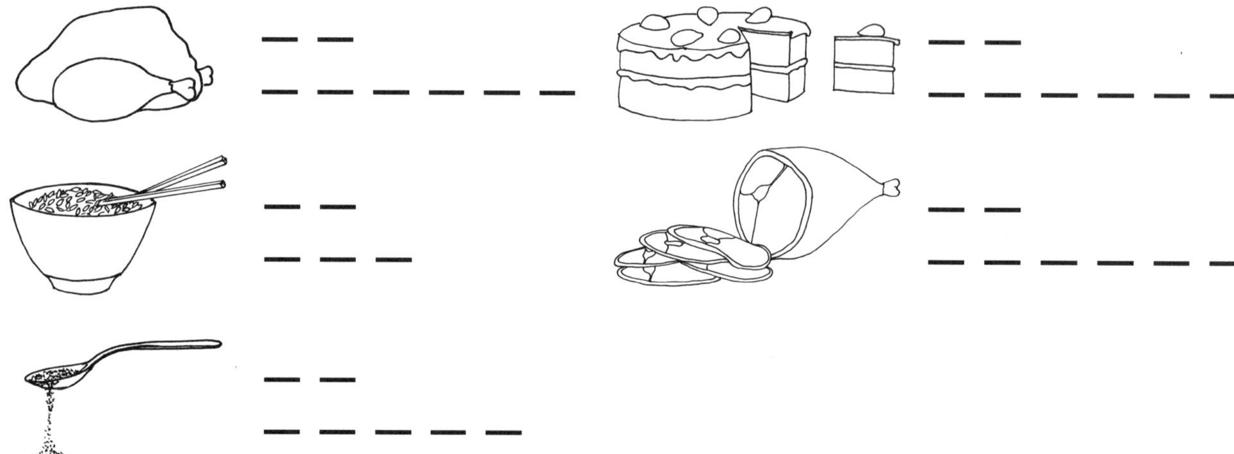

2 Entoure les images des mots masculins.
Circle the masculine pictures.

3 Trouve et colorie les cinq mots du vocabulaire. Colour the five hidden words.

dpiejfrjambonpqwgealriztwaqsnfljwgi
nemgfpouletereoaldjfapdsucredapewq
owjhdsafgwsgâteaulkufmqweoamwqiq

4 Je sais parler français. Vous désirez? Can I help you? (In a shop).

See extra tape transcripts on page 59

J'ai faim. (iii)

Aujourd'hui, c'est ....

Vocabulaire
la crêpe - pancake
le biscuit - biscuit
le chip - crisp
le bonbon - sweet
le croissant - croissant

Grammaire

Sometimes the word 'some' means several and is always followed by a plural noun.
Here you would use the word '**des**'.
Je voudrais **des** bonbons. I'd like some sweets. (several)
Je voudrais **des** chips. I'd like some crisps. (several)
C'est bon! It/that tastes good!

1 Écris les mots pour chaque dessin. Copy the words for each picture.

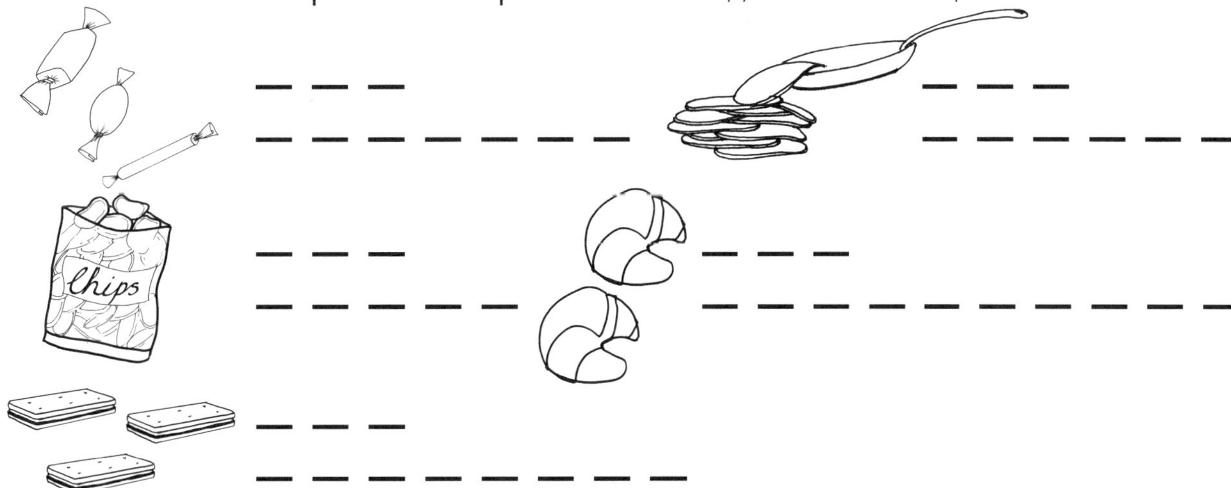

2 Écris **du, de la, des** devant chaque mot. Write du, de la, des in front of each word.

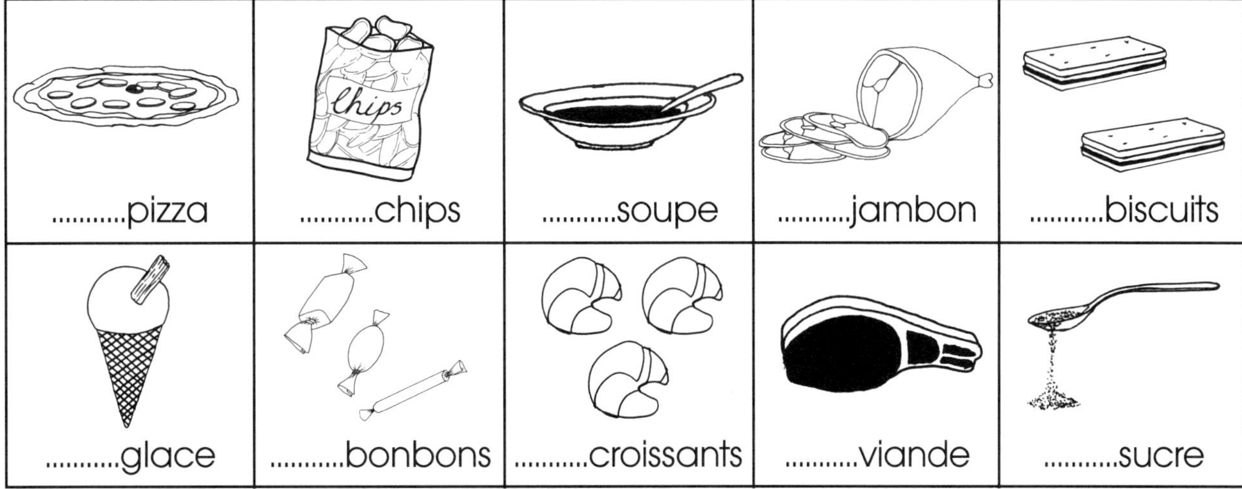

...........pizza	...........chips	...........soupe	...........jambon	...........biscuits
...........glace	...........bonbons	...........croissants	...........viande	...........sucre

3 Je sais parler français. Vous désirez? Can I help you? (In a shop).

Bonjour, Madame. Je voudrais des bonbons, s'il vous plaît.	Bonjour, Monsieur. Je voudrais des chips, s'il vous plaît.	Bonjour, Monsieur. Je voudrais des croissants, s'il vous plaît.	Bonjour, Madame, Je voudrais des biscuits, s'il vous plaît.

See extra tape transcripts on page 59

les adjectifs (iii)

Aujourd'hui, c'est ....

Vocabulaire

délicieux/délicieuse - delicious
sucré - sweet/sugary
salé - salty
frais/fraîche - fresh
mûr - ripe
brûlé - burnt
bon/bonne - good/nice

Grammaire

NB Adjectives must agree with the nouns they describe.
For adjectives describing **feminine** words (la) add an **e**
If the adjective ends in **é** you still add an extra **e**.
If the adjective ends in an **e** it remains unchanged.
For adjectives describing **masculine** words (le) leave unchanged
For plural words add an **s** or sometimes an **x**.
Words ending in **x** remain unchanged in plural.

1 Écris le bon adjectif. Write the correct adjective.

1. Le pain est ....
2. La pomme est ....
3. Le gâteau est ....
4. Les bonbons sont ....
5. La soupe est ....
6. Les poires sont ....
7. Les biscuits sont ....
8. Les chips sont ....
9. La crêpe est ....
10. La glace est ....
11. Les frites sont ....
12. Le croissant est ....

2 Écris tous les adjectifs dans la grille. Write all the adjectives in the grid.

	masculin singulier	féminin singulier	masculin pluriel	féminin pluriel
délicieux	....	....	....	....
sucré	....	....	sucrés	....
salé	....	....	....	....
frais	....	....	....	....
brûlé	....	....	....	....
mûr	....	....	....	....

See extra tape transcripts on page 59

les adjectifs (iv)

Aujourd'hui, c'est ....

Vocabulaire

chaud - hot
froid - cold
plein - full
vide - empty
plat - still/flat (drink)
gazeux/gazeuse - fizzy

Vocabulaire supplémentaire

le vin - wine
le café - coffee
le thé - tea
le chocolat - chocolate
le coca - coke
le jus d'orange - orange juice
l'orangeade (f) - orangeade
la bouteille - bottle
la tasse - cup
le verre - glass
la canette - can
la carafe - jug

1 Décris chaque image. Describe each picture.

1. ....
2. ....
3. ....
4. ....
5. ....
6. ....
7. ....
8. ....
9. ....
10. ....
11. ....
12. ....

2 Complète la grille. Complete the grid.

	masculin singulier	féminin singulier	masculin pluriel	féminin pluriel
chaud	....	....	....	....
froid	....	....	....	....
plein	....	....	....	....
vide	....	....	....	....
plat	....	....	....	....
gazeux	....	....	gazeux	....

See extra tape transcripts on page 59

la révision

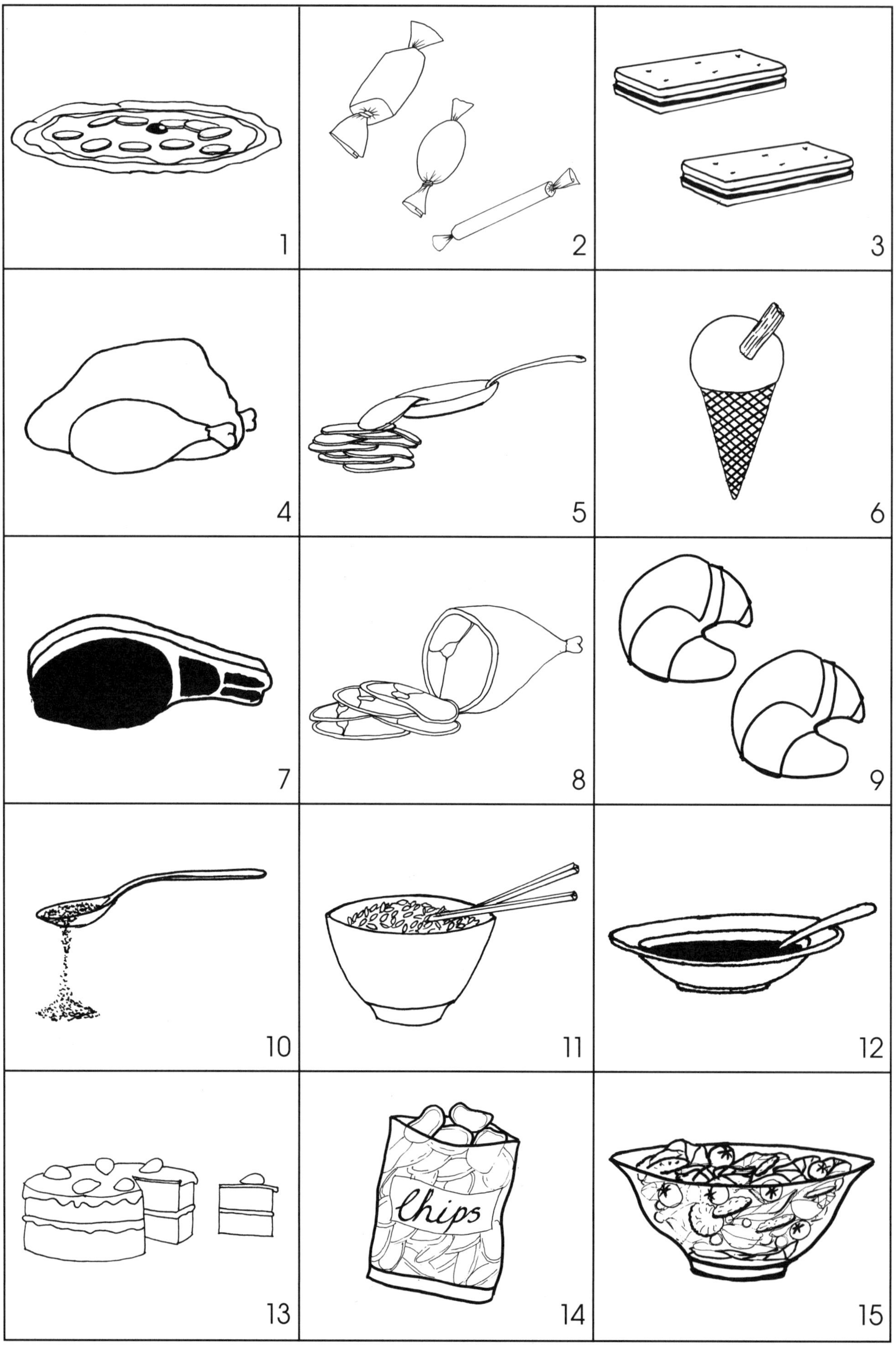

See extra tape transcripts on page 59

les nombres

Aujourd'hui, c'est ....

Vocabulaire

16 seize
17 dix-sept
18 dix-huit
19 dix-neuf
20 vingt
21 vingt et un
22 vingt-deux

30 trente
31 trente et un
32 trente-deux
40 quarante
41 quarante et un
42 quarante-deux
50 cinquante

51 cinquante et un
52 cinquante-deux
60 soixante
61 soixante et un
62 soixante-deux
70 soixante-dix
71 soixante-onze

1 Quel âge as-tu? How old are you?

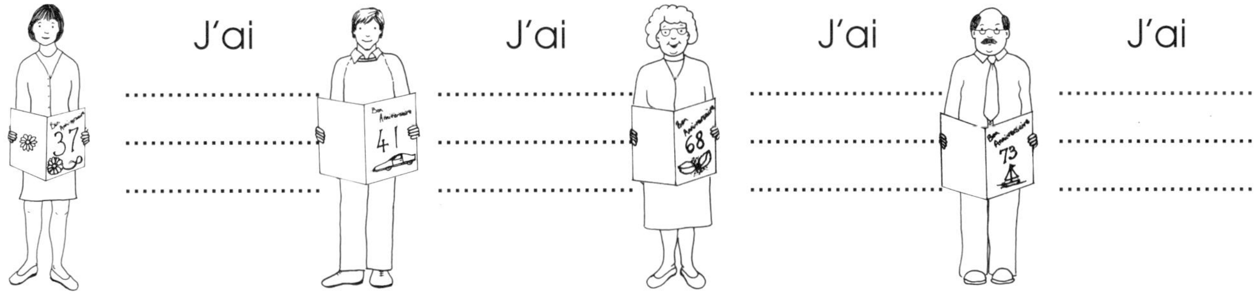

J'ai ....

J'ai ....

J'ai ....

J'ai ....

2 Écris les nombres. Write the numbers in full.

21 .... 46 ....

37 .... 55 ....

62 .... 70 ....

3 Entoure les mots qui s'accordent aux nombres.
Circle only the words that go with the numbers.

cinquante-cinq
trente-cinq
soixante-deux
trente-trois
dix-neuf

dix-huit
vingt
cinquante-trois
trente et un
soixante-neuf

trente-sept
vingt-quatre
quarante-quatre
quatorze
vingt et un

soixante
vingt-cinq
quarante-huit
soixante-dix
cinquante

19	37	69	50	21	62	70	44	31	60	20

4 Je sais parler français. I know how to speak French.

les pronoms

Aujourd'hui, c'est ....

Grammaire

To replace a noun with the word **it**:
il - it (**le** - masculin) **elle** - it (**la** - féminin)
These words are called **pronouns** (les pronoms)
La boulangerie est ouverte. **Elle** est ouverte.
The bakery is open. It is open.
Le cinéma est fermé. **Il** est fermé.
The cinema is closed. It is closed.

Adjectif interrogatif

These are question words which are followed by a noun
quel (m) - which/what
quelle (f) - which/what
quels (mpl) - which/what
quelles (fpl) - which/what
Quelle heure est-il? What time is it?
Quel âge as-tu? How old are you?

1 Remplace le nom par un pronom et fais accorder l'adjectif.
Replace the noun with a pronoun and make the adjective agree.

délicieux	1. La pizza est .... Elle est ....
brûlé	2. .... est ....
mûr	3. .... est ....
sucré	4. .... est ....
chaud	5. .... est ....
frais	6. .... est ....
froid	7. .... est ....
gazeux	8. .... est ....

2 Je sais parler français. I know how to speak French.

Yum yum yum

1
Je voudrais un sandwich
Où est le pain?
Je voudrais un sandwich
Où est le pain?
Yum yum yum, dans le placard
Je voudrais un sandwich
Où est le pain?

2
Je voudrais un sandwich
Où est le beurre?
Je voudrais un sandwich
Où est le beurre?
Yum yum yum, dans le frigo
Je voudrais un sandwich
Où est le beurre?

3
Je voudrais un sandwich
Où est la confiture?
Je voudrais un sandwich
Où est la confiture?
Yum yum yum, dans le placard
Je voudrais un sandwich
Où est la confiture?

Tu tu do do

1
Bonjour petit garçon!
(spoken)
Comment t'appelles-tu-tu-tu-tu?
Je m'appelle Ludo-do-do-do
Quel âge as-tu-tu-tu-tu?
Aujourd'hui j'ai huit ans.
Où habites-tu-tu-tu-tu?
J'habite à Paris-ris-ris-ris.
Merci, Ludo - au revoir.

2
Salut petite fille!
(spoken)
Comment t'appelles-tu-tu-tu-tu?
Je m'appelle Marie-rie-rie-rie
Quel âge as-tu-tu-tu-tu?
Aujourd'hui j'ai sept ans.
Où habites-tu-tu-tu-tu?
J'habite à Paris-ris-ris-ris.
Merci, Marie - au revoir.

la forme négative (i) Aujourd'hui, c'est ....

Grammaire

To make a verb negative, add **ne** before and **pas** after.
If the verb begins with a vowel the **ne** becomes **n'**.
Je vais au cinéma. I'm going to the cinema.
Je **ne** vais **pas** au cinéma. I'm not going to the cinema.
Est-ce que les biscuits sont au chocolat? Are they chocolate biscuits?
Oui, les biscuits sont au chocolat. Yes, they are chocolate biscuits.
Non, les biscuits ne sont pas au chocolat. No, they aren't chocolate biscuits.

Attention!
J'ai
Je n'ai pas
Il y a
Il n'y a pas **de**
Il n'y a pas is followed by **de**.

1 Réponds à la forme négative. Reply in the negative.

1. Je vais au marché ....
2. Je vais à la pharmacie ....
3. J'ai deux frères ....
4. Je vais au supermarché ....
5. Je vais à l'hôtel ....
6. Il y a des biscuits sur l'assiette ....
7. Il y a du fromage dans le sandwich ....
8. Il y a du beurre dans le réfrigérateur ....

2 Réponds aux questions à la forme négative et lis-les à haute-voix.
Answer the questions in the negative and read them out aloud.

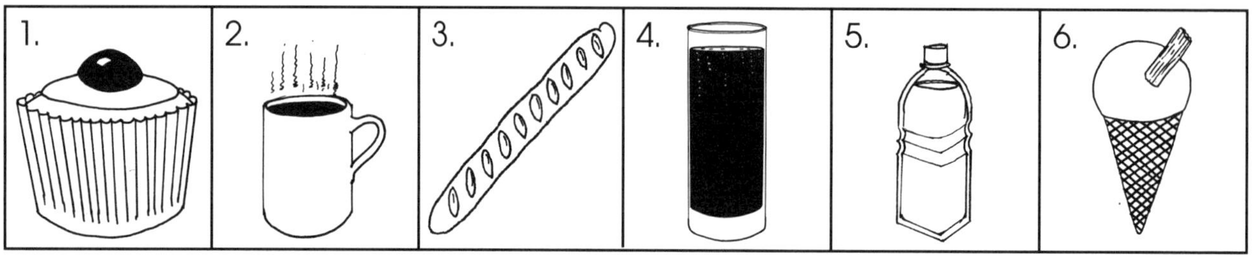

1.	2.	3.	4.	5.	6.
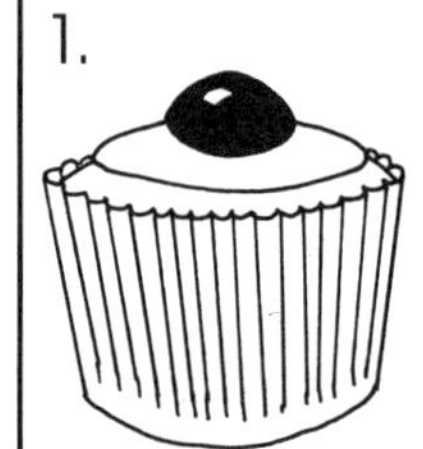			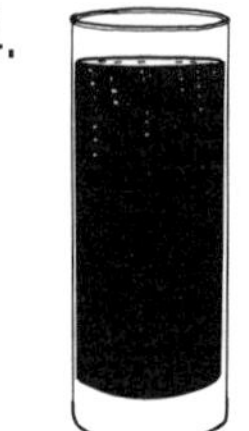		

Example:

Est-ce que le café est froid?
Non, le café n'est pas froid. Il est chaud.

1. Est-ce que le gâteau est salé?
   Non, ...
2. Est-ce que le chocolat est froid?
   Non, ...
3. Est-ce que le pain est brûlé?
   Non, ...
4. Est-ce que le coca est plat?
   Non, ...
5. Est-ce que la bouteille est vide?
   Non, ...
6. Est-ce que la glace est chaude?
   Non, ...

See extra tape transcripts on page 59

la forme négative (ii)

Aujourd'hui, c'est ....

Vocabulaire	Grammaire
l'ordinateur (m) - computer la télévision - television la radio - radio le sèche-cheveux - hair dryer le walkman (le baladeur) - walkman la calculatrice - calculator	il/elle marche - it works il/elle ne marche pas - it doesn't work Est-ce que ton ordinateur marche? Non, mon ordinateur ne marche pas. my - mon (le), ma (la), mes (les) your - ton (le), ta (la), tes (les) maintenant - now bien - well

1 Traduis en français. Translate into French.

1. My radio doesn't work ....
2. Your television doesn't work ....
3. Your hair dryer works ....
4. My computer doesn't work ....
5. My walkman works ....

2 Réponds aux questions et pose les questions à haute-voix.
Answer the questions and read them out aloud.

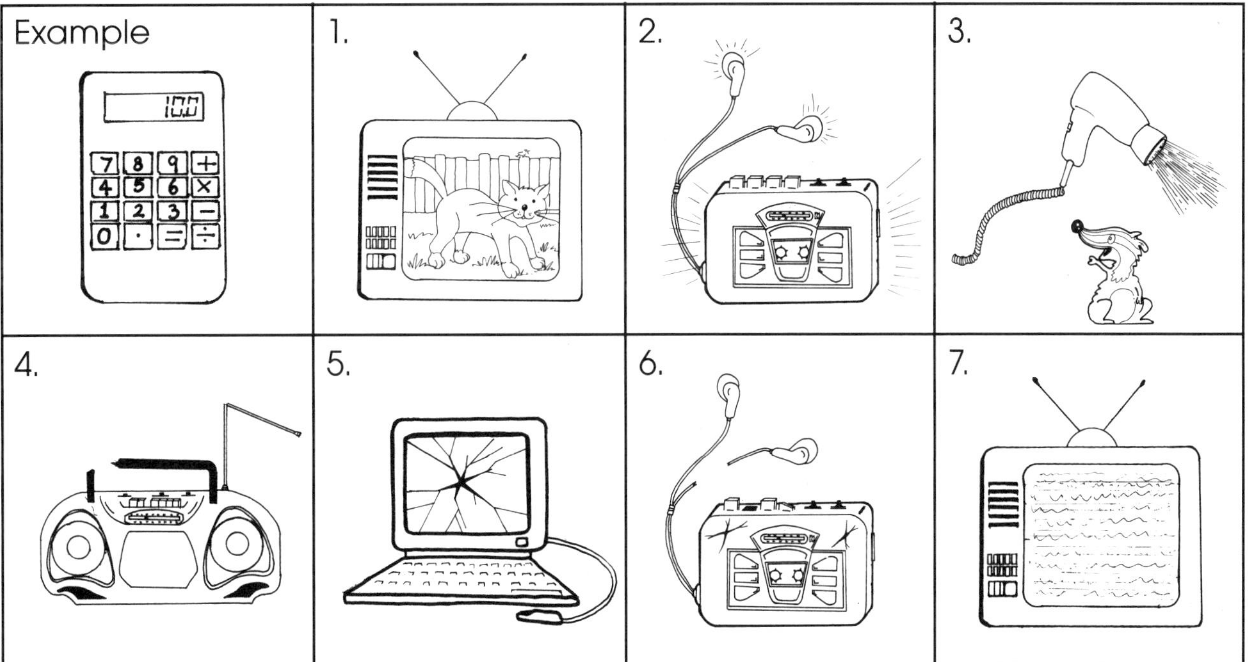

Example: Est-ce que ta calculatrice marche?   Oui, elle marche.

1. Est-ce que ta télévision marche? ....
2. Est-ce que ton walkman marche? ....
3. Est-ce que ton sèche-cheveux marche? ....
4. Est-ce que ta radio marche? ....
5. Est-ce que ton ordinateur marche? ....
6. Est-ce que ton walkman marche? ....
7. Est-ce que ta télévision marche? ....

See extra tape transcripts on page 59

les jours de la semaine (i) Aujourd'hui, c'est..

Vocabulaire

lundi - Monday
mardi - Tuesday
mercredi - Wednesday
jeudi - Thursday
vendredi - Friday
bon/bonne - good/nice

Grammaire

le lundi - on Monday**s**
lundi - on Monday
le vendredi - on Friday**s**
le mardi - on Tuesday**s**
mardi - on Tuesday
vendredi - on Friday

NB Days of the week, in French, always begin with a small letter.

1 Réponds aux questions. Answer the questions.

Où vas-tu le mardi?
....
....

Où vas-tu le jeudi?
....
....

Où vas-tu le mercredi?
....
....

Où vas-tu le vendredi?
....
....

2 Trouve les 'jours de la semaine' dans la grille. Find the 'days of the week' in the word search.

m	b	n	m	r	t	y	u	i	s	v	d	w	t	i
e	c	d	k	m	l	n	q	h	w	l	e	g	s	r
r	r	q	w	x	c	b	h	k	f	r	o	l	m	q
c	w	e	l	u	n	d	i	i	s	v	b	x	a	g
r	s	r	g	r	s	v	x	s	p	q	w	x	r	l
e	o	v	e	n	d	r	e	d	i	v	g	w	d	j
d	r	p	e	r	j	e	u	d	i	s	b	e	i	v
i	y	j	s	r	w	n	g	p	d	c	x	b	k	d

3 Réponds aux questions. Answer the questions.

1. Est-ce que tes biscuits sont brûlés? (non) ....
2. Est-ce que ta glace est bonne? (oui) ....
3. Est-ce que tes fraises sont sucrées? (non) ....

4 Je sais parler français. I know how to speak French.

les jours de la semaine (ii)

Aujourd'hui, c'est ....

Vocabulaire
samedi - Saturday
dimanche - Sunday
le jour - day
la semaine - week
le mois - month
l'année (f) - year

Grammaire	
le samedi - on Saturday**s**	**le** dimanche - on Sunday**s**
samedi - on Saturday	dimanche - on Sunday

NB Days of the week, in French, always begin with a small letter.

Combien de ... y a-t-il? How many ... are there?

Il y a ... There is/are ... le week-end - week end

1 Réponds aux questions. Answer the questions.

Où vas-tu le dimanche?

....

....

Combien de jours y a-t-il dans un week-end?

....

Où vas-tu le samedi?

....

....

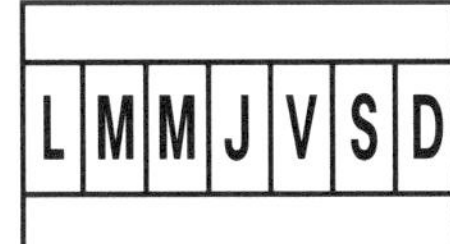

Combien de jours y a-t-il dans une semaine?

....

2 Trouve les mots du vocabulaire dans la grille. Find the vocabulary words in the word search.

s	b	n	m	r	t	y	u	i	s	v	d	w	t	i
e	c	s	d	i	m	a	n	c	h	e	c	s	s	r
m	r	q	w	x	c	b	h	k	f	r	o	a	m	q
a	w	e	m	o	i	s	k	l	s	v	b	m	t	g
i	s	r	g	r	s	v	a	n	n	é	e	e	r	l
n	o	v	o	n	q	r	e	j	g	v	b	d	d	j
e	r	p	e	r	j	o	u	r	f	s	b	i	v	v
x	y	j	s	r	w	n	g	p	d	c	x	b	k	d

3 Réponds aux questions. Answer the questions.

1. Est-ce que ton croissant est bon? (non) ....
2. Est-ce que tes frites sont salées? (oui) ....
3. Est-ce que tes crêpes sont bonnes? (non) ....

4 Je sais parler français. I know how to speak French.

See extra tape transcripts on page 60

Bon voyage!

Aujourd'hui, c'est ....

Vocabulaire

la banque - bank
la gare - station
le parc - park
la station-service - petrol station
la piscine - swimming pool
le port - port

Grammaire

If you want to say **by** (for transport) you use: **en**

en train - by train
en bus - by bus en vélo - by bike
en voiture - by car en avion - by plane

The exceptions are
à pied - on foot à cheval - on horseback

1 Traduis en français. Translate into French.

1. I'm going to the station by car.

....

2. I'm going to the cinema by bus.

....

3. On Wednesdays, I go to the swimming pool by bike.

....

4. On Saturdays, I go to the supermarket by train.

....

2 Regarde les images et réponds aux questions.
Look at the pictures and reply to the questions. Read them out aloud.

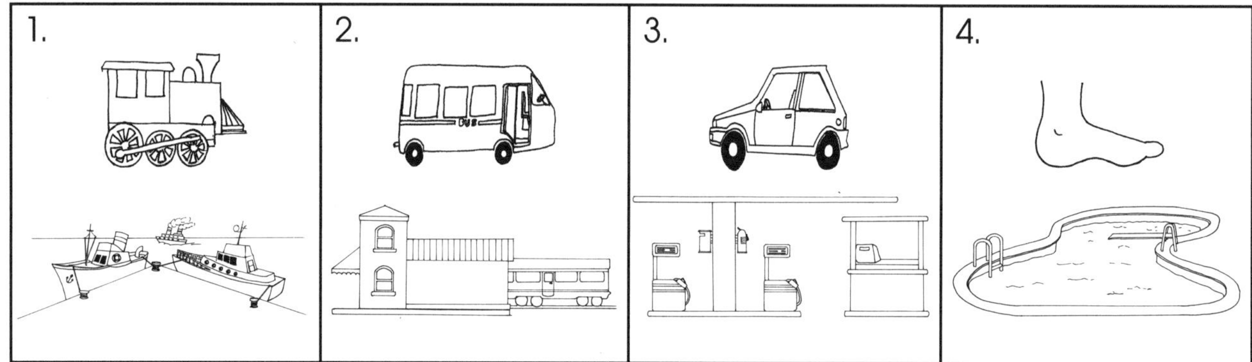

Example:

Où vas-tu? Je vais au parc à cheval.

1. Où vas-tu? ....
2. Où vas-tu? ....
3. Où vas-tu? ....
4. Où vas-tu? ....

la révision

Aujourd'hui, c'est ....

Grammaire

1. **Est-ce que** before a sentence, turns the sentence into a question.
   Tu vas à l'école. You are going to school.
   Est-ce que tu vas à l'école? Are you going to school?
2. To make a sentence negative, add **ne** before and **pas** after the verb.
   If the verb begins with a vowel the **ne** becomes **n'**.
   Est-ce que tu vas à la boulangerie? Are you going to the baker's?
   Oui, je vais à la boulangerie. Yes, I'm going to the baker's.
   Non, je **ne** vais **pas** à la boulangerie. No, I'm not going to the baker's.

1 Réponds aux questions à la forme négative.

Answer the questions in the negative.

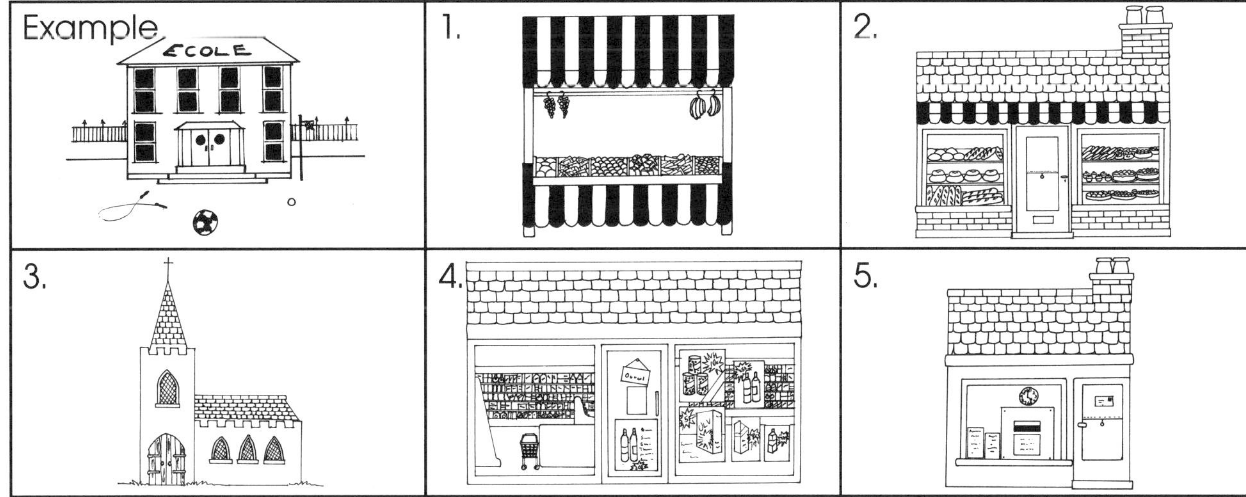

Example:

Est-ce que tu vas au supermarché?

Non, je ne vais pas au supermarché, je vais à l'école.

1. Est-ce que tu vas à la poste?

....

....

2. Est-ce que tu vas au marché?

....

....

3. Est-ce que tu vas à la boulangerie?

....

....

4. Est-ce que tu vas à l'hôtel de ville?

....

....

5. Est-ce que tu vas au cinéma?

....

....

See extra tape transcripts on page 60

la révision

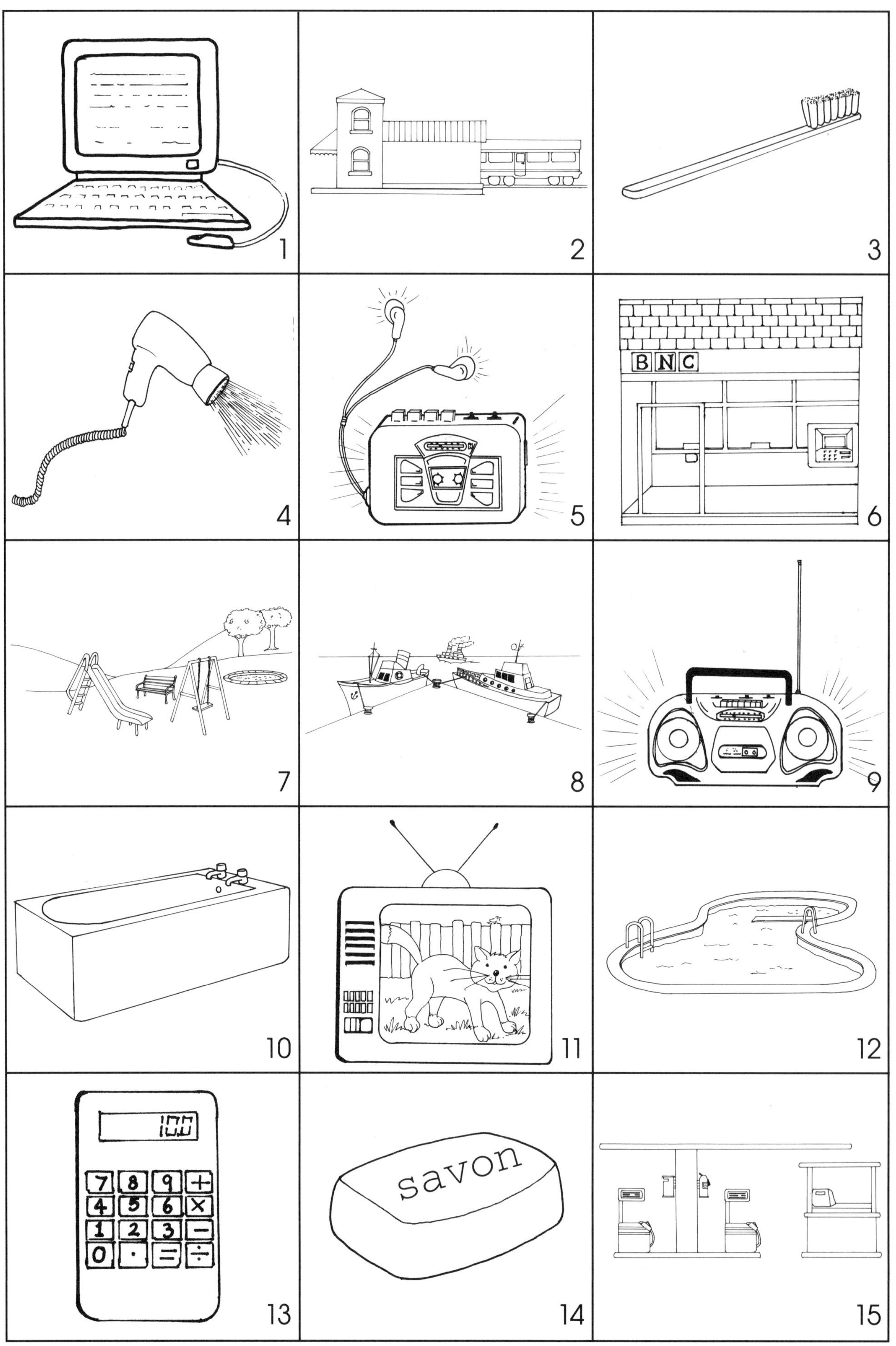

See extra tape transcripts on page 60

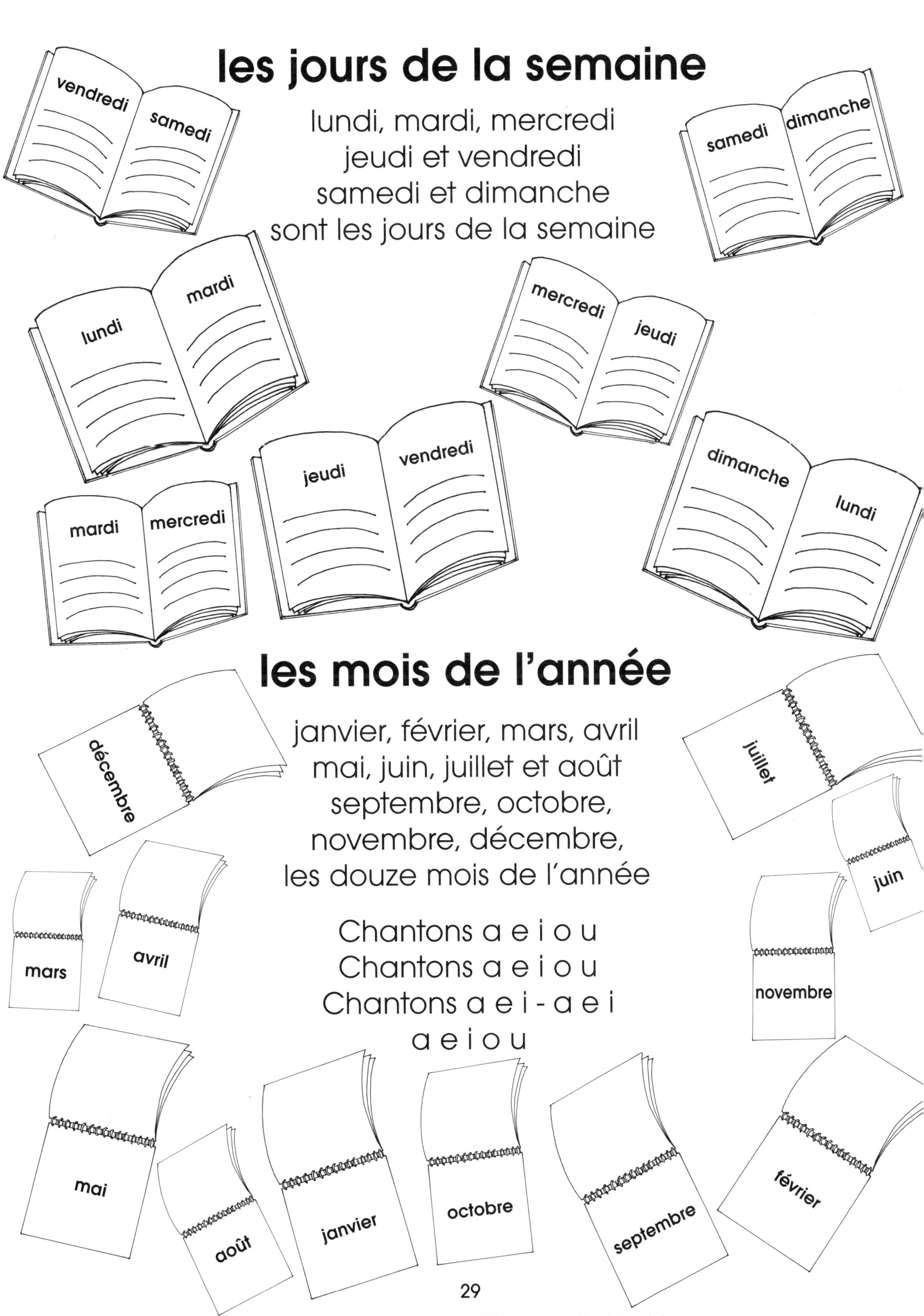

les jours de la semaine

lundi, mardi, mercredi
jeudi et vendredi
samedi et dimanche
sont les jours de la semaine

les mois de l'année

janvier, février, mars, avril
mai, juin, juillet et août
septembre, octobre,
novembre, décembre,
les douze mois de l'année

Chantons a e i o u
Chantons a e i o u
Chantons a e i - a e i
a e i o u

Quelle heure est-il? (i) Aujourd'hui, c'est ....

Vocabulaire
le film - film
le concert - concert
le spectacle - show
le match - match
la boum - party

Grammaire

Quelle heure est-il? - What time is it? Il est ... It's ...

une heure - one o'clock **deux heures** - two o'clock
trois heures - three o'clock **quatre heures** - four o'clock
midi/minuit - midday/midnight

NB There is no 's' at the end of 'heure' for one o'clock.

À quelle heure commence ...? What time does the ... begin?

1 Réponds aux questions. Answer the questions with a full sentence.

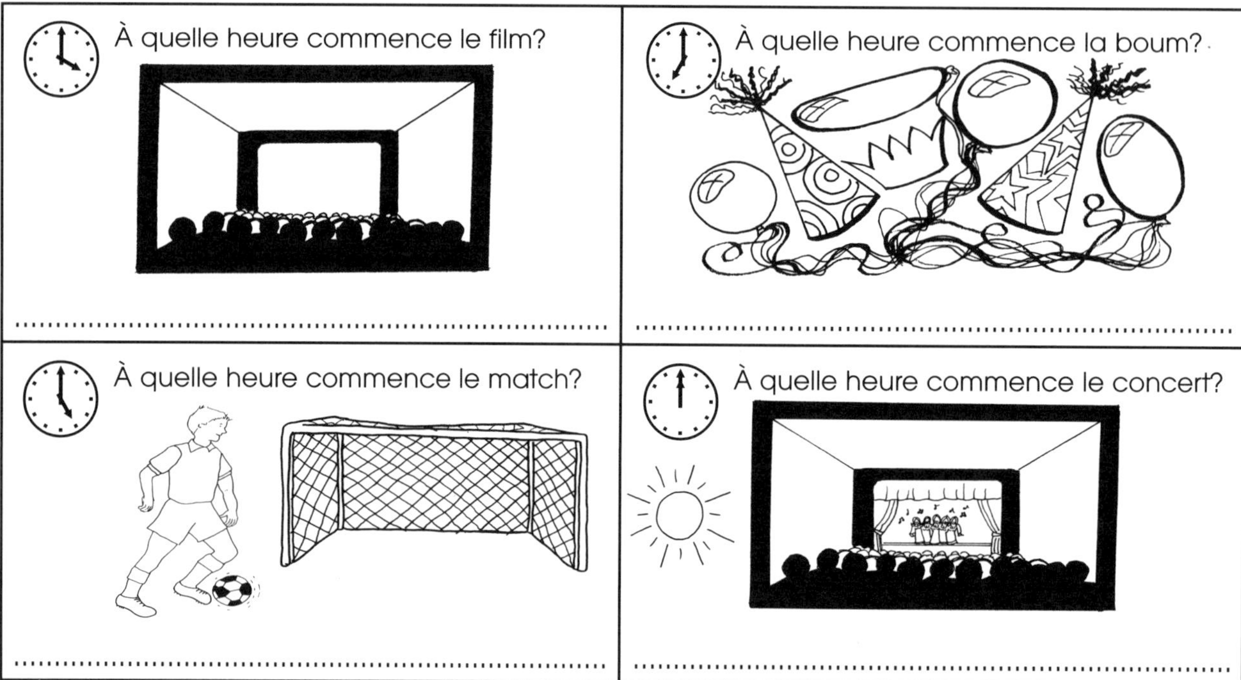

À quelle heure commence le film?	À quelle heure commence la boum?
....	....
À quelle heure commence le match?	À quelle heure commence le concert?
....	....

2 Quelle heure est-il? What time is it?

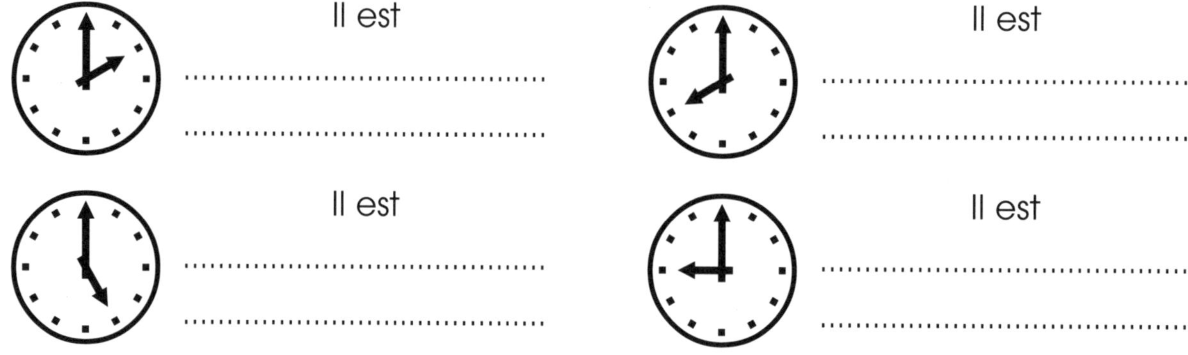

Il est ....

....

Il est ....

....

Il est ....

....

Il est ....

....

3 Je sais parler français. I know how to speak French.

Quelle heure est-il? (ii) Aujourd'hui, c'est ....

Grammaire

À quelle heure te réveilles-tu? What time do you wake up? Je me réveille à ... I wake up at ...
À quelle heure te lèves-tu? What time do you get up? Je me lève à ... I get up at ...
une heure et demie - half past one **deux heures et demie** - half past two
trois heures et demie - half past three **midi/minuit et demi** - half past midday/midnight

NB There is no 's' at the end of 'heure' for one o'clock.
There is no 'e' at the end of 'demi' for half past midday/midnight.

1 Réponds aux questions. Answer the questions with a full sentence.

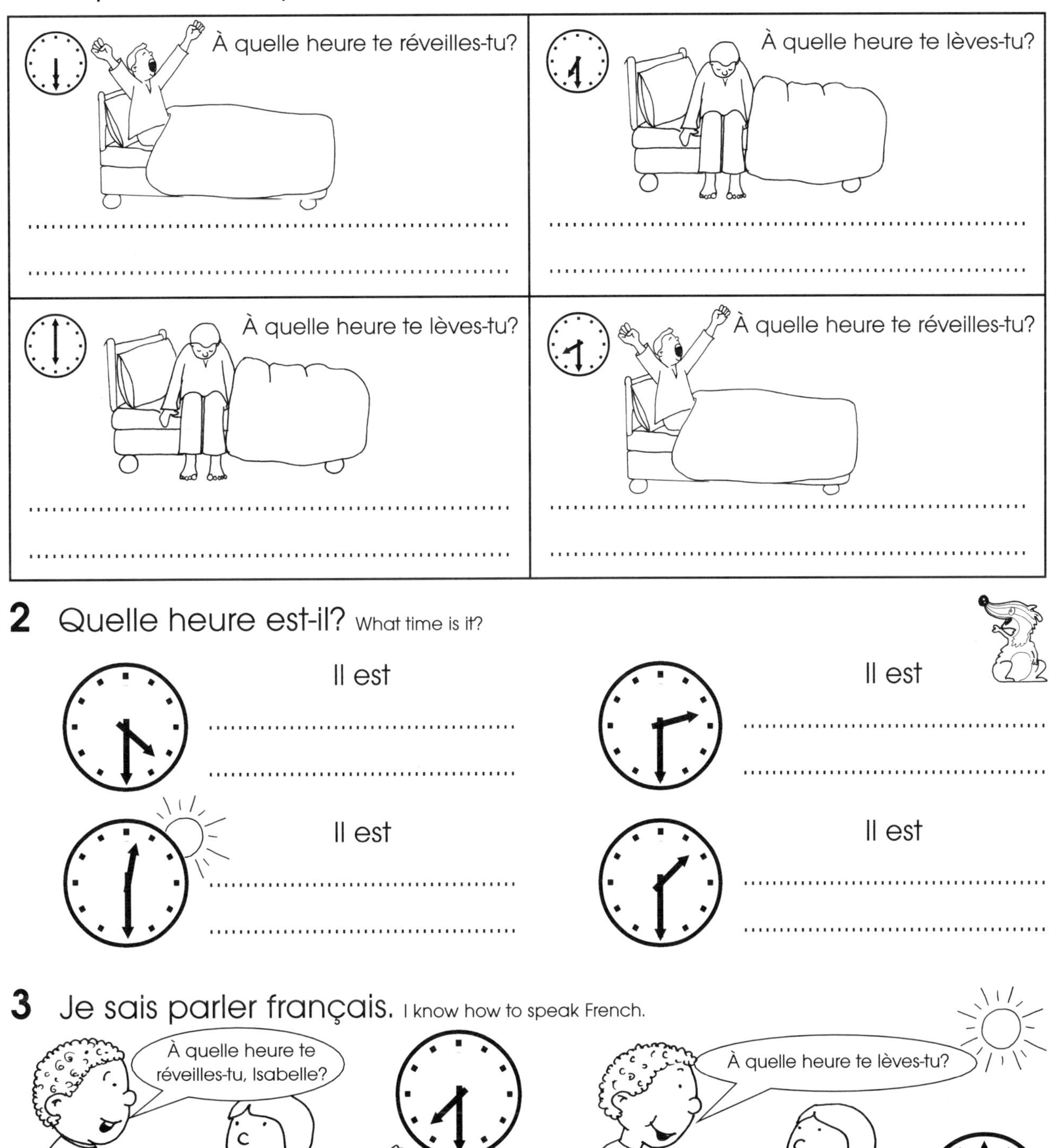

2 Quelle heure est-il? What time is it?

3 Je sais parler français. I know how to speak French.

Quelle heure est-il? (iii) Aujourd'hui, c'est ....

Grammaire

À quelle heure te couches-tu? What time do you go to bed?
Je me couche à ... I go to bed at ...
À quelle heure vas-tu au lit? What time do you go to bed?
Je vais au lit à ... I go to bed at ...

NB There is no 's' at the end of 'heure' for one o'clock.
There is no 'e' at the end of 'demi' for half past midday/midnight.

1 Écris la question ou la réponse. Write the question or the answer.

Question: À quelle heure te couches-tu? Réponse: Je me couche à six heures.	Question: .... Réponse: Je me lève à six heures et demie.
Question: À quelle heure vas-tu au lit? Réponse:	Question: À quelle heure te réveilles-tu? Réponse: ....
Question: .... Réponse: Je me lève à six heures et demie.	Question: .... Réponse: Je vais au lit à dix heures.

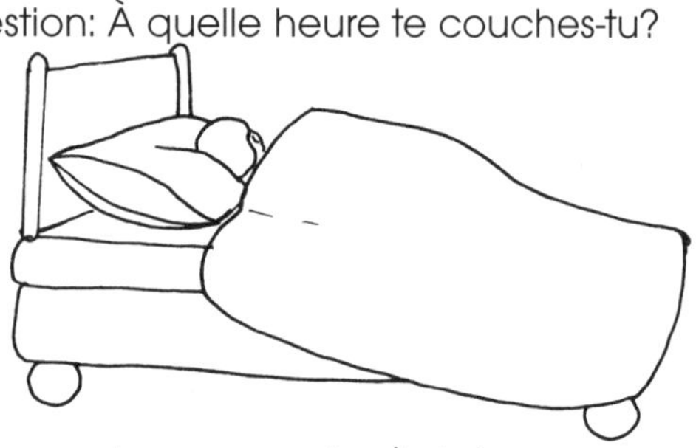

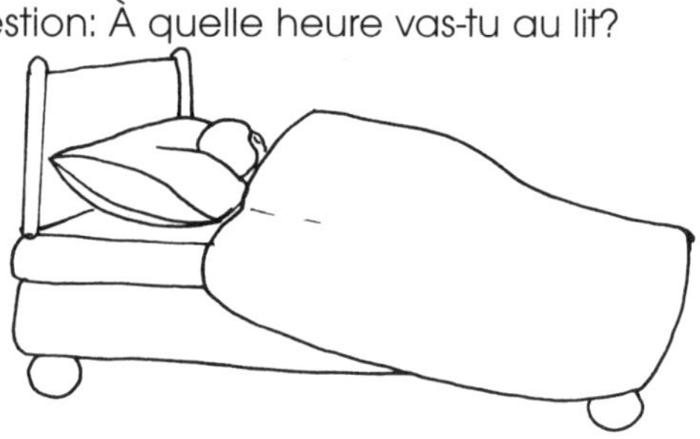

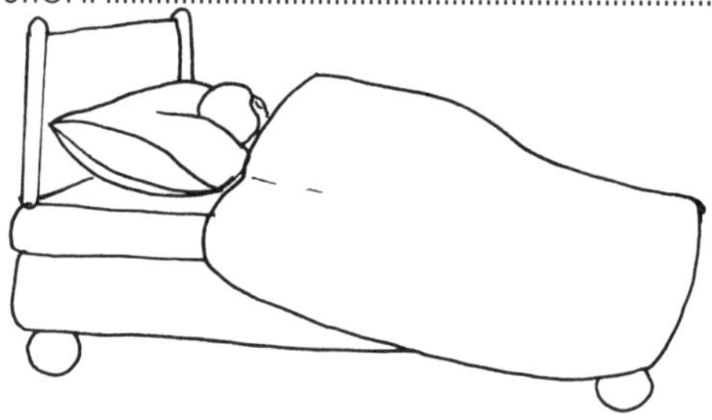

2 Je sais parler français. I know how to speak French.

See extra tape transcripts on page 60

La grande pendule

Il est une heure, il est deux heures
Il est trois, quatre et cinq heures
Il est une heure, il est deux heures
Il est trois, quatre et cinq heures
Il est six, il est sept, il est huit
Il est neuf heures
Il est dix, il est onze heures
Mais à minuit toutes les nuits
La grande pendule s'arrête
Un, deux, trois, quatre, tic toc tic toc
Cinq, six, sept, huit, tic, toc, tic, toc
à minuit toutes les nuits la grande pendule s'arrête

l'hiver

Aujourd'hui, c'est ....

Vocabulaire

l'hiver - winter
décembre - December
janvier - January
février - February
Il neige - It's snowing

Questions et réponses

Question: C'est quand ton anniversaire? When's your birhday?
Réponse: C'est le 15 février. It's 15th February.
Question: Quel temps fait-il? What's the weather like?
Réponse: Il gèle. It's freezing.
Il fait froid. - It's cold. Je suis gelé(e) - I'm frozen.

NB All months of the year, in French, begin with a small letter.

1 Réponds aux questions. Answer the questions.

C'est quand ton anniversaire Henri?

....

....

C'est quand ton anniversaire Céline?

....

....

À quelle heure te couches-tu?

....

....

À quelle heure vas-tu au lit?

....

....

2 Écris le bon numéro à côté de chaque image.

Write the correct number next to each picture.

1	le hibou
2	le bonhomme de neige
3	l'écharpe
4	le bonnet
5	la carotte
6	la lune
7	la pelle
8	l'étoile
9	le hérisson
10	le renard

Quel temps fait-il? ....

3 Je sais parler français. I know how to speak French.

C'est quand ton anniversaire, Pauline?

C'est quand ton anniversaire, David?

le printemps

Aujourd'hui, c'est ....

Vocabulaire

le printemps - spring
mars - March
avril - April
mai - May
Il pleut - It's raining.

Questions et réponses

Question: C'est quand ton anniversaire? When's your birhday?
Réponse: C'est le 1er mai. It's 1st May.
Question: Quel temps fait-il? What's the weather like?
Réponse: Il y a du vent. It's windy.
Il pleut des cordes. - It's tipping it down. Je suis trempé(e). - I'm soaked.
NB All months of the year, in French, begin with a small letter.

1 Réponds aux questions. Answer the questions.

C'est quand ton anniversaire, Sylvie?

....

....

1er mai

Luc

C'est quand ton anniversaire, Luc?

....

....

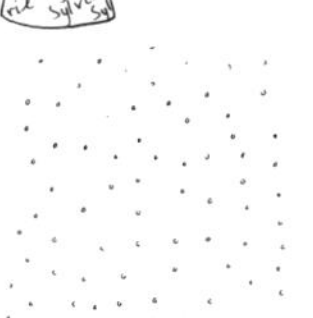

Quel temps fait-il?

....

....

Quel temps fait-il?

....

....

2 Écris le bon numéro à côté de chaque image.
Write the correct number next to each picture.

1	la fleur
2	l'arbre
3	le papillon
4	l'escargot
5	l'avion
6	le lapin
7	la vache
8	le mouton
9	la voiture
10	la maison

Quel âge as-tu? ....

3 Je sais parler français. I know how to speak French.

C'est quand ton anniversaire, Nicole?

C'est quand ton anniversaire, Patrice?

l'été

Aujourd'hui, c'est ....

Vocabulaire
l'été - summer
juin - June
juillet - July
août - August
Il y a du soleil. - It's sunny.

Questions et réponses

Question: C'est quand ton anniversaire? When's your birhday?
Réponse: C'est le 10 juillet. It's 10th, July.
Question: Où vas-tu? Where are you going?
Réponse: Je vais à la plage. I'm going to the beach.
Il fait chaud. - It's hot/warm. J'ai chaud. - I'm hot/warm.
NB All months of the year, in French, begin with a small letter.

1 Réponds aux questions. Answer the questions.

Quels sont les mois de l'été?

....

....

Quels sont les mois de l'hiver?

....

....

Quels sont les mois du printemps?

....

....

Quel temps fait-il?

....

....

2 Écris le bon numéro à côté de chaque image.
Write the correct number next to each picture.

1	le coquillage
2	la mer
3	le soleil
4	la mouette
5	le château de sable
6	le seau
7	la pelle
8	le crabe
9	le bateau
10	le drapeau

Est-ce que tu es enfant unique? ....

3 Je sais parler français. I know how to speak French.

l'automne

Aujourd'hui, c'est ....

Vocabulaire

l'automne - autumn
septembre - September
octobre - October
novembre - November
Il y a du vent. - It's windy.

Questions et réponses

Question: C'est quand Noël? When's Christmas?
Réponse: C'est le 25 décembre. It's the 25th December.
Question: C'est quand la rentrée? When do you go back to school?
Réponse: La rentrée est en septembre. We go back in September.
Il y a du brouillard. It's foggy. J'ai froid. I'm cold.
NB All months of the year, in French, begin with a small letter.

1 Réponds aux questions. Answer the questions.

Quels sont les mois de l'automne?
....
....

Quel temps fait-il?
....
....

Quels sont les mois de l'hiver?
....
....

4 septembre

C'est quand la rentrée?
....
....

2 Écris le bon numéro à côté de chaque image.
Write the correct number next to each picture.

1	le bus
2	le ballon
3	le chien
4	la cheminée
5	le toit
6	la poule
7	la souris
8	le vélo
9	le chat
10	le ver

De quelle couleur sont les citrons? ....

3 Je sais parler français. I know how to speak French.

See extra tape transcripts on page 60

Les quatre saisons

Il y a quatre saisons dans une année - le printemps - l'été - l'automne - l'hiver

Au printemps, il y a du vent.

En été, il y a du soleil.

En automne, il y a du brouillard.

En hiver, il neige.

la révision

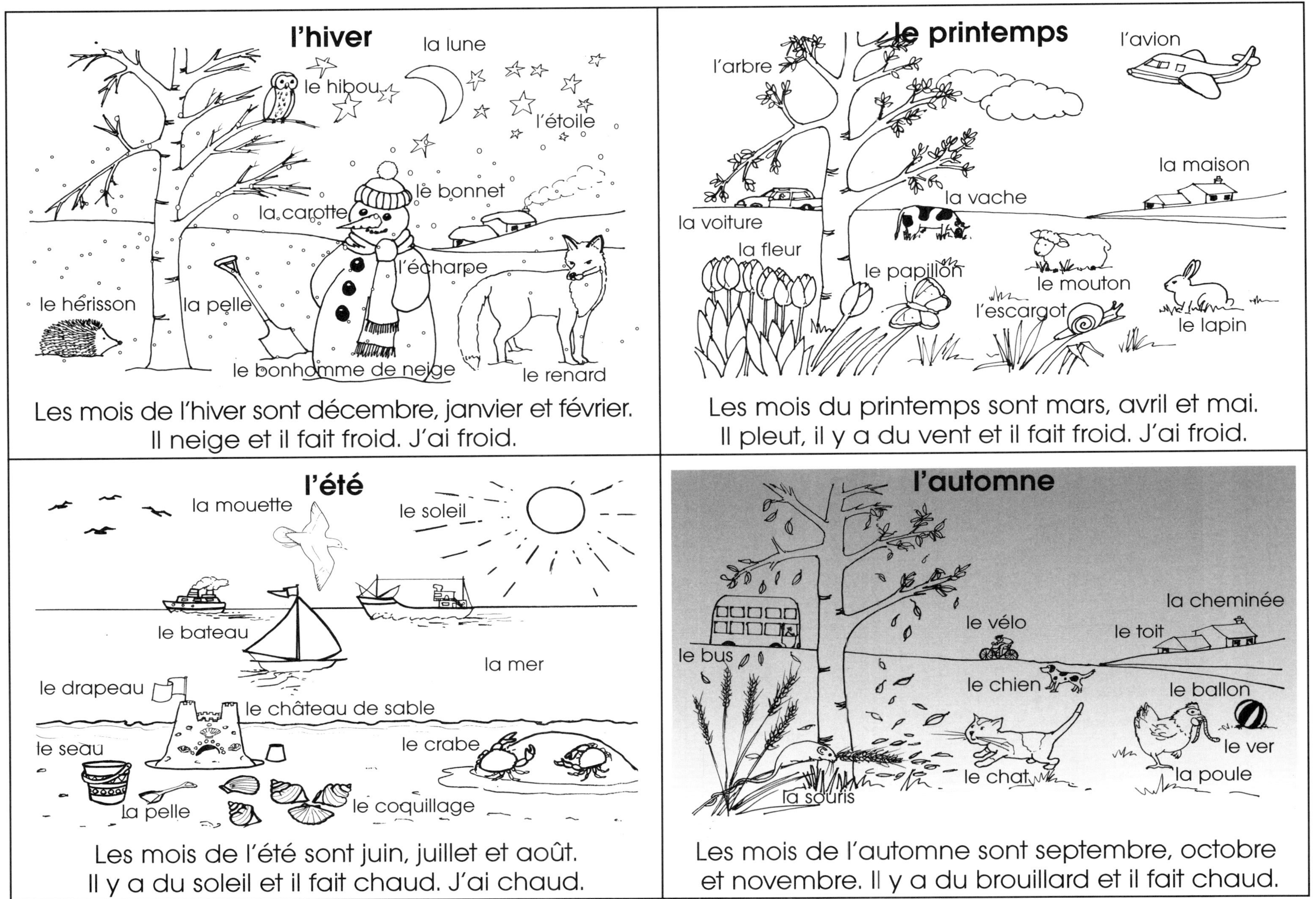

Les mois de l'hiver sont décembre, janvier et février. Il neige et il fait froid. J'ai froid.

Les mois du printemps sont mars, avril et mai. Il pleut, il y a du vent et il fait froid. J'ai froid.

Les mois de l'été sont juin, juillet et août. Il y a du soleil et il fait chaud. J'ai chaud.

Les mois de l'automne sont septembre, octobre et novembre. Il y a du brouillard et il fait chaud.

la révision

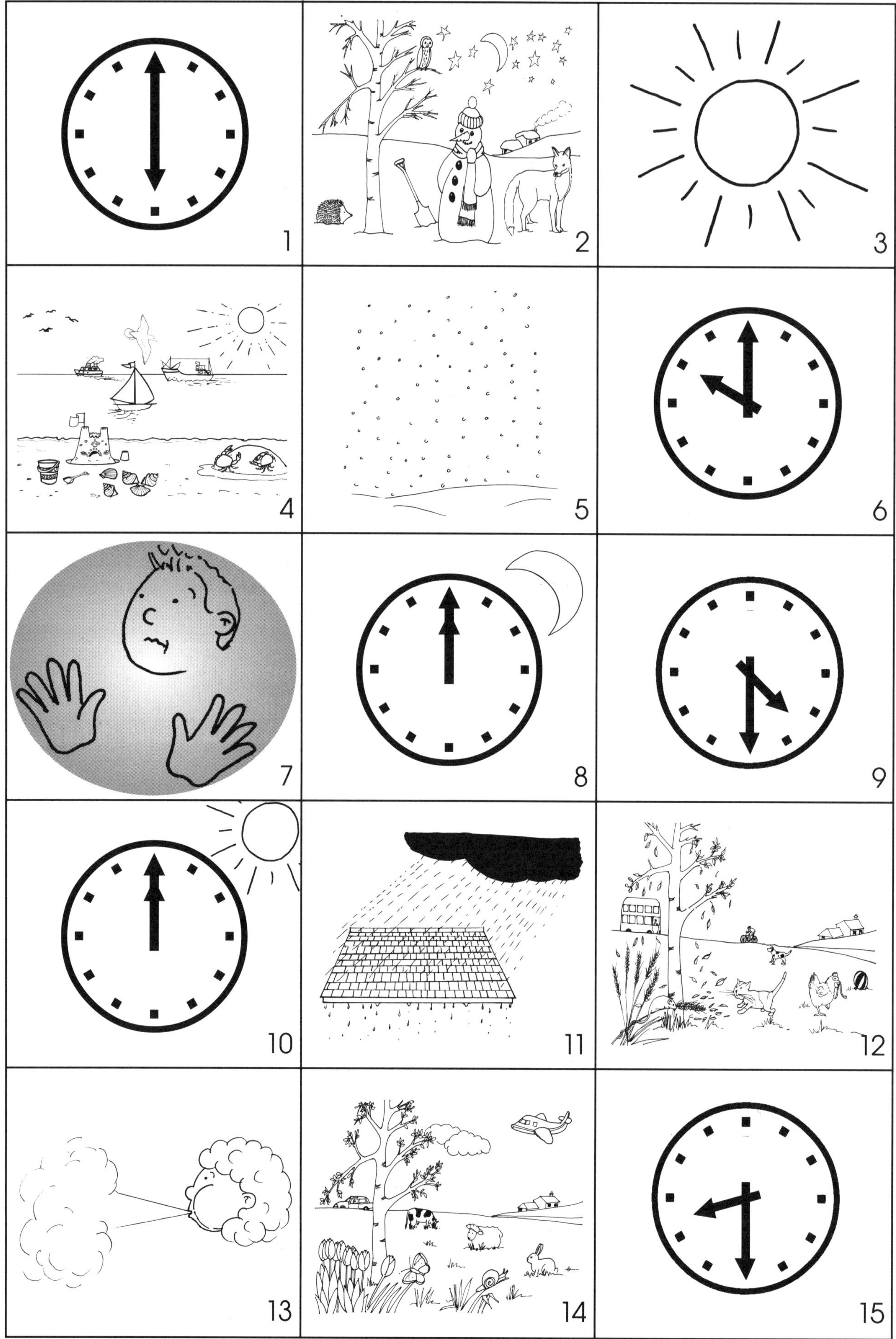

Quelle est la date? Aujourd'hui, c'est ....

Grammaire

In French there is no **st** (1st) **nd** (2nd) **rd** (3rd) **th** (4th) after each number, however, 1st in French is written 1^{er}(m) or 1^{ère}(f)

Question: Quelle est la date aujourd'hui? What's the date today?

Réponse: Aujourd'hui, c'est le 15 novembre. Today is 15th November.

1 Réponds aux questions en français. Answer the questions in French.

25 October	Quelle est la date aujourd'hui? ....
16 February	Quelle est la date aujourd'hui? ....
30 July	Quelle est la date aujourd'hui? ....
28 August	Quelle est la date aujourd'hui? ....

2 Lis à haute-voix et réponds aux questions. Read aloud and answer the questions.

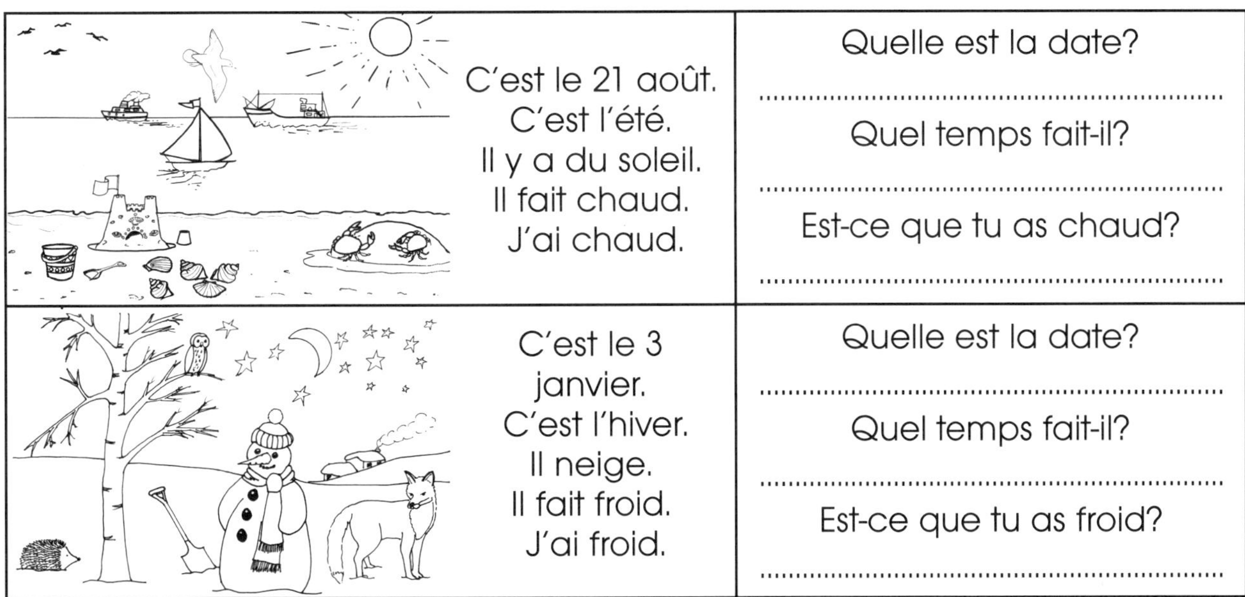

C'est le 21 août. C'est l'été. Il y a du soleil. Il fait chaud. J'ai chaud.	Quelle est la date? .... Quel temps fait-il? .... Est-ce que tu as chaud? ....
C'est le 3 janvier. C'est l'hiver. Il neige. Il fait froid. J'ai froid.	Quelle est la date? .... Quel temps fait-il? .... Est-ce que tu as froid? ....

3 Je sais parler français. I know how to speak French.

See extra tape transcripts on page 60

Qu'est-ce que

Aujourd'hui, c'est ....

Grammaire

Qu'est-ce que before a verb makes it into a question starting with **what.**
Qu'est-ce que changes to **qu'est-ce qu'** before a vowel.

NB In French, there is no distinction between the two English present tenses.

Je porte - I wear   Je porte - I am wearing   (Both English present tenses are given in the examples)

Tu portes You wear/are wearing   **Qu'est-ce que tu portes?** What do you wear/are you wearing?

Tu achètes You buy/are buying   **Qu'est-ce que tu achètes?** What do you buy/are you buying?

Tu manges You eat/are eating   **Qu'est-ce que tu manges?** What do you eat/are you eating?

Je porte I wear/am wearing   J'achète I buy/am buying   Je mange I eat/am eating

1 Réponds aux questions en utilisant **du, des, une** ou **un.**

Answer the questions using **du**, **des**, **une** or **un**.

1. Qu'est-ce que tu achètes? (les bonbons) ....
2. Qu'est-ce que tu portes? (la chemise)..
3. Qu'est-ce que tu manges? (le pain) ....
4. Qu'est-ce que tu portes? (le pull-over)..
5. Qu'est-ce que tu achètes? (le chocolat) ....

2 Entoure puis écris la bonne réponse.

Circle then write the correct answer. Check you understand why: **le, la, les, du, de la, des, un, une** are used in the answers.

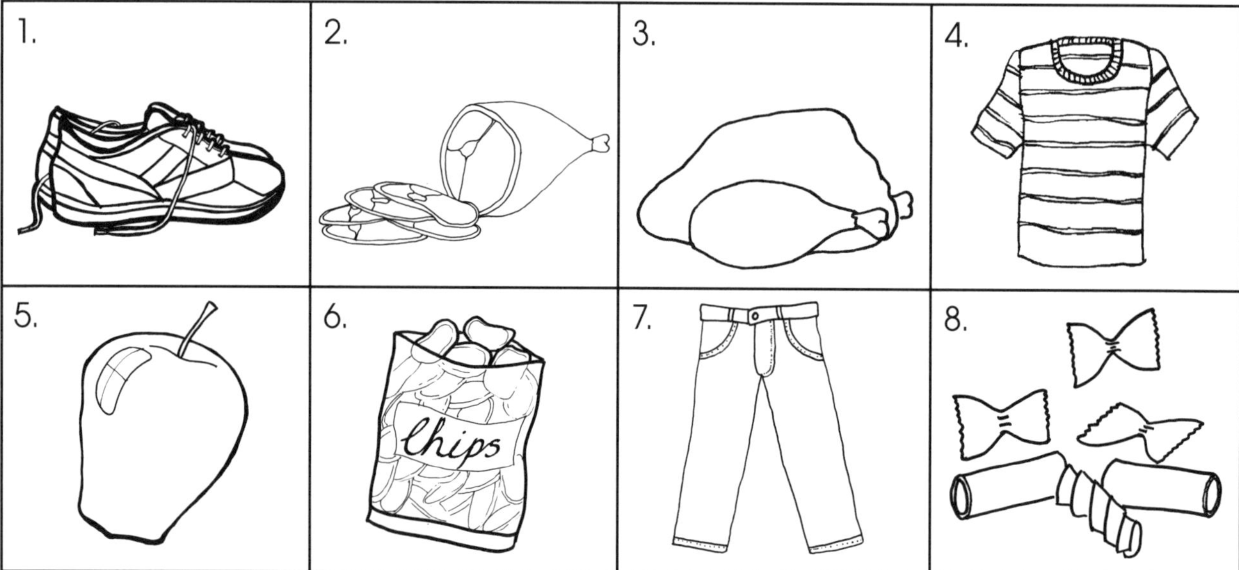

1. Qu'est-ce que tu portes?	une robe	des baskets	....
2. Qu'est-ce que tu achètes?	du jambon	des fraises	....
3. Qu'est-ce que tu manges?	du poulet	de la glace	....
4. Qu'est-ce que tu portes?	un tee-shirt	un pantalon	....
5. Qu'est-ce que tu manges?	une pomme	des carottes	....
6. Qu'est-ce que tu achètes?	des frites	un paquet de chips	....
7. Qu'est-ce que tu portes?	des gants	un jean	....
8. Qu'est-ce que tu manges?	du gâteau	des pâtes	....

See extra tape transcripts on page 60

Qu'est-ce que tu portes?

Aujourd'hui, c'est ....

Vocabulaire
les bottes (f) - boots
le short - shorts
le gilet - cardigan
le chapeau - hat
la casquette - cap

Grammaire	
au printemps - in spring	en été - in summer
en automne - in autumn	en hiver - in winter
Quel temps fait-il? What's the weather like?	
Qu'est-ce que tu portes? What do you wear/are you wearing?	
Je porte ... I wear/am wearing	mais - but

1 Réponds aux questions. Answer the questions.

Qu'est-ce que tu portes en automne?

....

....

Qu'est-ce que tu portes en été?

....

....

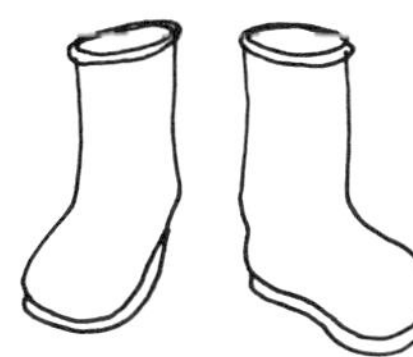

Qu'est-ce que tu portes quand il pleut?

....

....

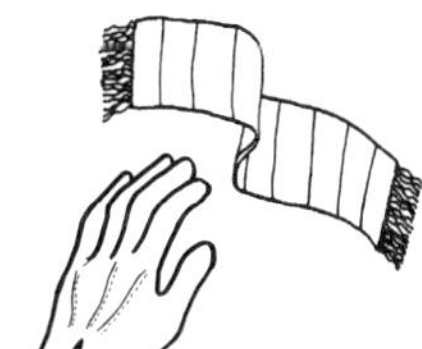

Qu'est-ce que tu portes quand il neige?

....

....

2 Regarde les images et lis à haute-voix.

Look at the pictures and read out aloud.

Au printemps, il pleut et il fait froid.
Je porte un pull-over, un jean et des bottes. J'ai froid.

En été, il y a du soleil et il fait chaud.
Je porte un tee-shirt, un short et un chapeau. J'ai chaud.

En automne, il y a du vent et il fait froid.
Je porte une casquette et un gilet mais j'ai froid.

En hiver, il neige et il fait froid.
Je porte des gants et une écharpe mais je suis gelé.

3 Je sais parler français. I know how to speak French.

See extra tape transcripts on page 60

Qu'est-ce que tu manges? Aujourd'hui, c'est ....

Vocabulaire				
	J'ai faim. I'm hungry.	aussi - also	le dessert - dessert	
une banane	des fraises	des frites	de la pizza	du chocolat
une glace	du pain	de la soupe	du fromage	du poulet

1 Réponds aux questions. Answer the questions.

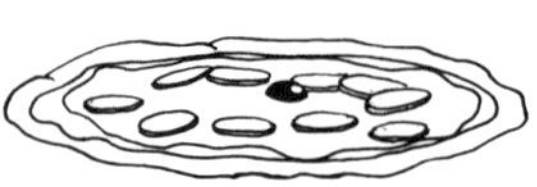

Qu'est-ce que tu manges?

....

....

Qu'est-ce que tu manges?

....

....

Qu'est-ce que tu manges?

....

....

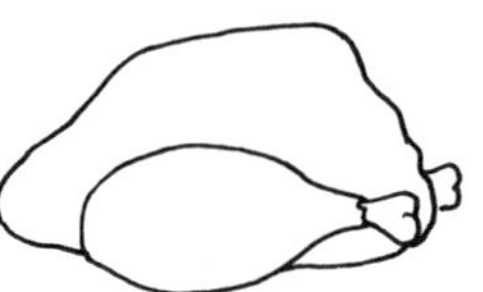

Qu'est-ce que tu manges?

....

....

2 Lis à haute-voix. Read aloud.

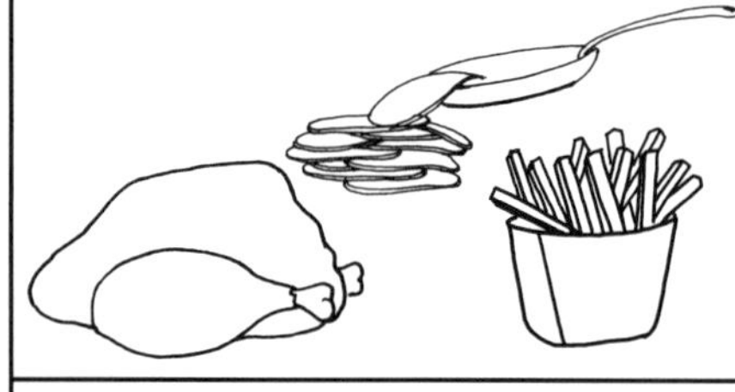

Qu'est-ce que tu manges?

J'ai faim.

Je mange du poulet avec beaucoup de frites et comme dessert je mange des crêpes.

Qu'est-ce que tu manges?

J'ai faim.

Je mange de la viande, des pommes de terre, des petits pois et des carottes.

Qu'est-ce que tu manges?

J'ai faim.

Je mange de la pizza, de la salade, des tomates et du pain.

3 Je sais parler français. I know how to speak French.

See extra tape transcripts on page 60

Qu'est-ce que tu achètes? Aujourd'hui, c'est..

Vocabulaire
le timbre - stamp
le journal (les journaux) - newspaper
le magazine - magazine
le billet - ticket
la carte postale - postcard

Grammaire

The plural of: le journal - les journaux
le cheval - les chevaux
l'animal (m) - les animaux

Don't mistake horses with hair!!
les chev**a**ux - horses les chev**e**ux - hair

In France, stamps are available at the tobacconist's.

1 Réponds aux questions. Answer the questions.

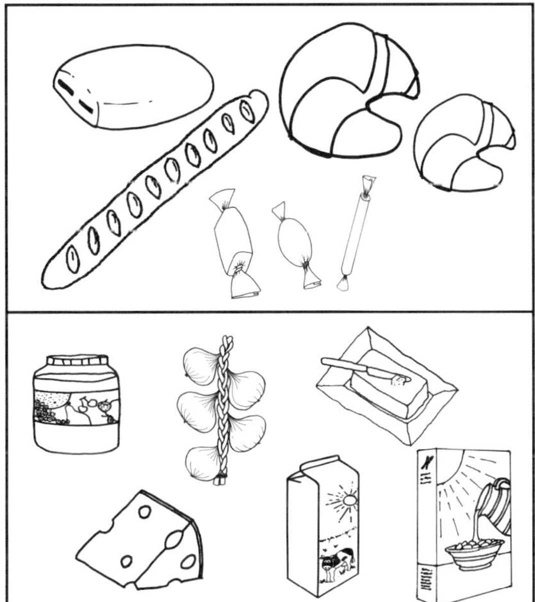

Qu'est-ce que tu achètes à la boulangerie?

....

....

....

Qu'est-ce que tu achètes au supermarché?

....

....

....

2 Lis à haute-voix. Read aloud.

Qu'est-ce que tu achètes au tabac?

Au tabac, j'achète des timbres, une carte postale, un magazine et un journal.

Qu'est-ce que tu achètes à la gare?

À la gare, j'achète un billet, une tasse de café, un pain au chocolat et deux journaux.

3 Je sais parler français. I know how to speak French.

See extra tape transcripts on page 60

Qu'est-ce que tu prends? Aujourd'hui, c'est...

Vocabulaire

le petit déjeuner - breakfast
le déjeuner - lunch
le goûter - tea/afternoon snack
le dîner - supper (evening meal)
la cantine - canteen

Grammaire

Qu'est-ce que tu prends? What will you have? (to eat)
Je prends de la soupe, s'il vous plaît.
I'll have some soup, please.
Check each word before the food word.
Je prends **une** glace. I'll have **an** ice-cream.
Je prends **de la** glace. I'll have **some** ice-cream.

1 Réponds aux questions. Answer the questions.

Qu'est-ce que tu prends pour le petit déjeuner?

....

....

....

Qu'est-ce que tu prends pour le déjeuner?

....

....

....

2 Lis à haute-voix. Read aloud.

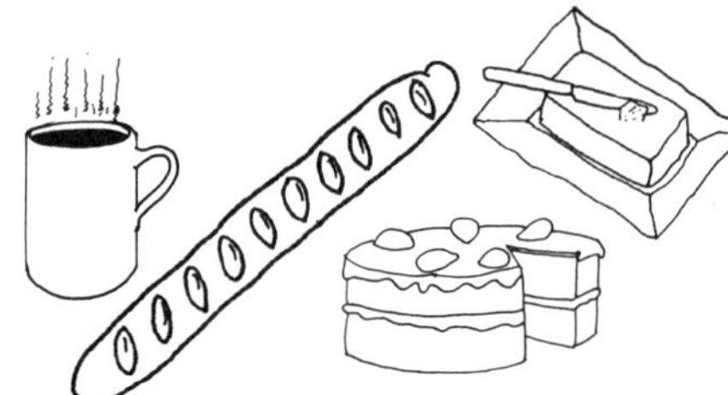

Qu'est-ce que tu prends pour le goûter?

Pour le goûter je prends du pain, du beurre, une tasse de chocolat chaud et du gâteau.

Qu'est-ce que tu prends pour le dîner?

Pour le dîner, je prends de la viande, des pommes de terre, du chou, une banane et une bouteille d'eau.

3 Je sais parler français. I know how to speak French.

See extra tape transcripts on page 60

Qu'est-ce que tu fais? Aujourd'hui, c'est ....

Vocabulaire	Grammaire
la brosse - brush	Qu'est-ce que tu fais? What are you doing?
la brosse à dents - toothbrush	Je me brosse les dents. I'm brushing my teeth.
le dentifrice - toothpaste	Je me brosse les cheveux. I'm brushing my hair.
le savon - soap	Je me lave les mains. I'm washing my hands.
le shampooing - shampoo	Je me lave les cheveux. I'm washing my hair.

1 Qu'est-ce que tu fais? What are you doing?

2 Écris **du, de la** ou **des** devant chaque mot. Write **du, de la** or **des** in front of each word.

3 Je sais parler français. I know how to speak French.

See extra tape transcripts on page 60

la révision (ii)

Aujourd'hui, c'est ....

See extra tape transcripts on page 60

Position words

Aujourd'hui, c'est ....

Vocabulaire

sur - on
sous - under
derrière - behind
devant - in front of
entre - between
dans - in

Grammaire

If you want to say **your** (friends/animals/family) you say:

ton (le words)	le cheval	ton cheval your horse
ta (la words)	la chemise	ta chemise your shirt
tes (les words)	les chats	tes chats your cats

If you want to say **my** you say:

mon (le words)	le cheval	mon cheval my horse
ma (la words)	la chemise	ma chemise my shirt
mes (les words)	les chats	mes chats my cats

1 Où est/sont?
Where is/are?

1. La girafe ....
2. Les singes ....
3. Le lion ....
4. Les zèbres ....
5. L'hippopotame ....
6. L'éléphant ....

2 Qu'est-ce que c'est? What is that?/what is it?

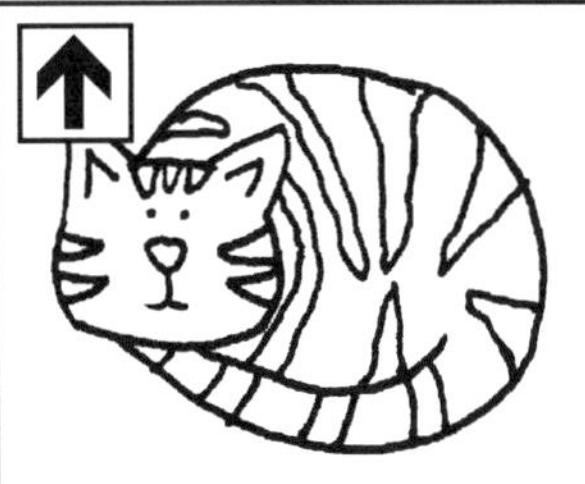

☐ C'est mon chat. ☐ C'est mon lapin. ☐ C'est mon cheval. ☐ C'est mon chien.

3 Je sais parler français. I know how to speak French.

Qu'est-ce que c'est Claire?

C'est mon crayon de couleur.

Position words

Aujourd'hui, c'est ....

Vocabulaire

sur - on
sous - under
derrière - behind
devant - in front of
entre - between
dans - in

Grammaire

If you want to say **your** (friends/animals/family) you say:

ton (le words)	le cheval	ton cheval your horse
ta (la words)	la chemise	ta chemise your shirt
tes (les words)	les chats	tes chats your cats

If you want to say **my** you say:

mon (le words)	le cheval	mon cheval my horse
ma (la words)	la chemise	ma chemise my shirt
mes (les words)	les chats	mes chats my cats

1 Où est/sont?

Where is/are?

1. Où est ton chat? ....
2. Où est ton hamster? ....
3. Où est ton cheval? ....
4. Où est ton chien? ....
5. Où est ton lapin? ....
6. Où est ton cochon? ....
7. Où est ta souris? ....
8. Où est ton araignée? ....

2 Je sais parler français. I know how to speak French.

See extra tape transcripts on page 60

Vocabulaire

les magasins et les bâtiments

la	**banque**	bank
la	**boucherie**	butcher's
la	**boulangerie**	baker's
le	**café**	café
la	**charcuterie**	delicatessen
le	**cinéma**	cinema
l'	**école** (f)	school
l'	**église** (f)	church
la	**gare**	station
l'	**hôpital** (m)	hospital
l'	**hôtel de ville** (m)	town hall
le	**magasin**	shop
le	**marché**	market
le	**parc**	park
la	**pâtisserie**	cake shop
la	**pharmacie**	chemist's
la	**piscine**	swimming pool
le	**port**	port
la	**poste**	post office
la	**station service**	service station
le	**supermarché**	supermarket
le	**tabac**	tobacconist's

la nourriture

l'	**ananas** (m)	pineapple
la	**banane**	banana
le	**beurre**	butter
le	**biscuit**	biscuit
le	**bonbon**	sweet
le	**café**	coffee
la	**carotte**	carrot
les	**céréales** (f)	cereal
les	**chips** (m)	crisps
le	**chocolat**	chocolat
le	**chou**	cabbage
le	**chou-fleur**	cauliflower

la nourriture (cont.)

le	**citron**	lemon
la	**confiture**	jam
la	**crème**	cream
la	**crêpe**	pancake
le	**croissant**	croissant
l'	**eau** (f)	water
la	**farine**	flour
la	**fraise**	strawberry
les	**frites** (f)	chips
le	**fromage**	cheese
le	**fruit**	fruit
le	**gâteau**	cake
la	**glace**	ice-cream
le	**jambon**	ham
le	**lait**	milk
le	**miel**	honey
l'	**oeuf** (m)	egg
l'	**oignon** (m)	onion
l'	**orange** (f)	orange
le	**pain**	bread
les	**pâtes** (f)	pasta
les	**petits pois** (m)	peas
la	**pizza**	pizza
la	**poire**	pear
la	**pomme**	apple
la	**pomme de terre**	potato
le	**poulet**	chicken
le	**riz**	rice
la	**salade**	salad
la	**soupe**	soup
le	**sucre**	sugar
le	**thé**	tea
la	**tomate**	tomato
la	**viande**	meat
le	**vin**	wine
le	**yaourt**	yoghurt

les adjectifs

bon/bonne	good/nice
brûlé	burnt
célèbre	famous
chaud	hot/warm
court	short
délicieux/délicieuse	delicious
difficile	difficult
dur	hard
facile	easy
fermé	shut/closed
frais/fraîche	fresh
froid	cold
gazeux/gazeuse	fizzy
grand	big/tall
gros/grosse	big/large
long/longue	long
mou/molle	soft
mouillé	wet
mûr	ripe
nouveau/nouvelle	new
ouvert	open
petit	small
plat	still/flat (drink)
plein	full
salé	salty
sec/sèche	dry
sucré	sweet
vide	empty
vieux/vieille	old

les verbes

J'	**achète**	I buy
J'	**ai**	I have
J'	**aime**	I like
Je	**bois**	I drink
Je	**cherche**	I look for
Je	**choisis**	I choose
Je	**colorie**	I colour
Je	**complète**	I complete
Je	**dessine**	I draw
J'	**écris**	I write
J'	**entoure**	I circle
Je	**fais**	I do/make
J'	**habite**	I live
Je	**joue**	I play
Je	**me lave**	I wash
Je	**mange**	I eat
Je	**m'appelle**	I'm called
Je	**me brosse**	I brush
Je	**me couche**	I go to bed
Je	**me lève**	I get up
Je	**me réveille**	I wake up
Je	**porte**	I wear/carry
Je	**regarde**	I look at
Je	**réponds**	I reply
Je	**souligne**	I underline
Je	**suis**	I am
Je	**trouve**	I find

Où est Blanco?

Where is Blanco?

Blanco is hiding throughout this book.

Write the numbers of the12 pages where he is hiding.

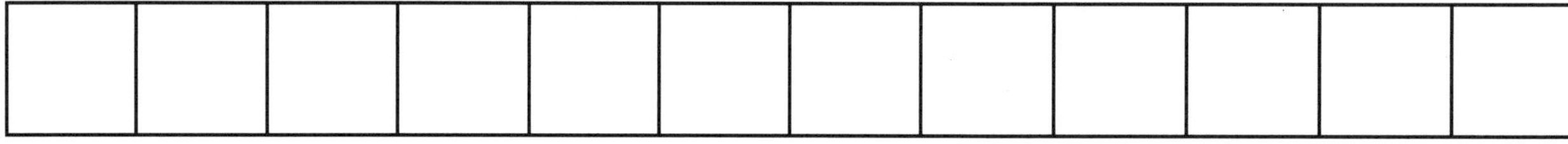

Vocabulaire A - D Français/Anglais

		Français	Anglais
A	l'(f)	**abeille**	bee
	l'(m)	**abris**	shelter
	l'(m)	**alphabet**	alphabet
	l'(m)	**ami**	friend
	l'(f)	**amie**	friend
	l'(m)	**ananas**	pineapple
	l'(m)	**animal**	animal
	l'(f)	**année**	year
	l'(m)	**anniversaire**	birthday
		août	August
	l'(f)	**apostrophe**	apostrophe
	l'(f)	**araignée**	spider
	l'(m)	**arbre**	tree
	l'(m)	**arc-en-ciel**	rainbow
	l'(m)	**argent**	money
	l'(f)	**assiette**	plate
	l'(m)	**automne**	autumn
	l'(m)	**avion**	plane
		avril	April
B	la	**baignoire**	bath
	le	**baladeur**	walkman
	le	**ballon**	ball
	la	**banane**	banana
	la	**banque**	bank
	les(f)	**baskets**	trainers
	le	**bateau**	boat
	le	**bâtiment**	building
	le	**beurre**	butter
	le	**billet**	ticket
	le	**biscuit**	biscuit
	le	**blaireau**	badger
		blanc	white
	le	**blé**	wheat
		bleu	blue
	la	**boîte**	box/tin
		bon/bonne	good/nice
	le	**bonbon**	sweet
	le	**bonhomme de neige**	snowman
	le	**bonnet**	woolly hat
	les(f)	**bottes**	boots
	la	**bouche**	mouth
	la	**boucherie**	butcher's
	la	**boulangerie**	baker's
	la	**boum**	party
	la	**bouteille**	bottle
	la	**brosse**	brush
	la	**brosse à dents**	toothbrush
		brûlé	burnt
	le	**bus**	bus
C		**caché**	hidden
	le	**cadeau**	present
	le	**café**	coffee
	le	**café**	café
	la	**calculatrice**	calculator
	la	**campagne**	countryside
	le	**canapé**	sofa
	le	**canard**	duck
	la	**canette**	can (drink)
	la	**cantine**	cantine
	la	**capitale**	capital
	la	**carafe**	jug
	la	**carotte**	carrot
	le	**carré**	square
	la	**carte postale**	post card
	la	**casquette**	cap
		célèbre	famous
	le	**cercle**	circle
	le	**cerveau**	brain
	la	**chaise**	chair
	la	**chambre**	bedroom
	le	**champ**	field
	le	**chapeau**	hat
	la	**charcuterie**	delicatessen
	le	**chat**	cat
	le	**château de sable**	sandcastle
		chaud	hot
	la	**chaussette**	sock
	la	**chaussure**	shoe
	la	**chauve-souris**	bat (animal)
	la	**cheminée**	chimney
	la	**chemise**	shirt
	le	**cheval**	horse
	les (mpl)	**cheveux**	hair
	le	**chien**	dog
	les(m)	**chips**	crisps
	le	**chou**	cabbage
	le	**chou-fleur**	cauliflower
	le	**ciel**	sky
	le	**cinéma**	cinema
	les (mpl)	**ciseaux**	scissors
	le	**citron**	lemon
	la	**coccinelle**	ladybird
	le	**cochon**	pig
	la	**colle**	glue
	la	**commode**	chest of drawers
	le	**concert**	concert
	la	**confiture**	jam
	le	**congélateur**	freezer
	le	**coquillage**	shell
	la	**couleur**	colour
		court	short
	le	**coussin**	cushion
	le	**couteau**	knife
	le	**crabe**	crab
	le	**crayon**	pencil
	le	**crayon de couleur**	crayon
	la	**crêpe**	pancake
	le	**croissant**	croissant
	la	**cuillère**	spoon
	la	**cuisine**	kitchen
	la	**cuisinière**	cooker
D	la	**date**	date
	le	**dé**	dice
		décembre	December
	le	**déjeuner**	lunch
		délicieux/délicieuse	delicious
		demi	half
	la	**dent**	tooth
	le	**dentifrice**	tooth paste
		derrière	behind
	le	**dessin**	drawing
		devant	in front of
		dimanche	Sunday
	le	**dîner**	supper
	le	**dinosaure**	dinosaur
	le	**drapeau**	flag

Vocabulaire E - O Français/Anglais

		French	English
E	l'(f)	**eau**	water
	l'(f)	**écharpe**	scarf
	l'(f)	**école**	school
	l'(f)	**église**	church
	l'(m)	**éléphant**	elephant
		elle	she/it
	l'(f)	**empreinte**	footprint
		entre	between
	l'(m)	**escargot**	snail
		est	is
	l'(m)	**été**	summer
	l'(f)	**étoile**	star
	l'(m)	**évier**	sink
F	la	**famille**	family
	le	**fauteuil**	armchair
	la	**fenêtre**	window
		fermé	shut
	la	**ferme**	farm
		février	February
	le	**fil**	thread
	la	**fille**	girl
	le	**film**	film
	le	**fils**	son
	la	**fleur**	flower
	le	**fossile**	fossil
	le	**four**	oven
	la	**fourchette**	fork
	la	**fourmi**	ant
		frais/fraîche	fresh
	la	**fraise**	strawberry
	le	**frère**	brother
	les (fpl)	**frites**	chips
		froid	cold
	le	**fromage**	cheese
	le	**fruit**	fruit
G	le	**gant**	glove
	le	**garage**	garage
	la	**gare**	railway station
	le	**gâteau**	cake
		gazeux/gazeuse	fizzy
	le	**gilet**	cardigan
	la	**glace**	ice-cream
	la	**gomme**	rubber
	le	**goûter**	tea
		grand	big/tall
	la	**grand-mère**	grandmother
	le	**grand-père**	grandfather
		gris	grey
		gros/grosse	big/large
H	le	**hamster**	hamster
	le	**hérisson**	hedgehog
	l'(f)	**heure**	hour/o'clock
		heureusement	fortunately
	le	**hibou**	owl
	l'(m)	**hiver**	winter
	l'(m)	**hôpital**	hospital
	l'(m)	**hôtel**	hotel
	l'(m)	**hôtel de ville**	town hall
I		**il**	he/it
	l'(f)	**image**	picture
J	le	**jambon**	ham
		janvier	January
		jaune	yellow
	le	**jean**	jeans
	le	**jeu**	game
		jeudi	Thursday
	la	**joue**	cheek
	le	**jouet**	toy
	le	**jour**	day
	le	**journal**	newspaper
		juillet	July
		juin	June
	la	**jupe**	skirt
L	le	**lait**	milk
	la	**lampe**	lamp
	le	**lapin**	rabbit
	le	**lavabo**	basin
	le	**légume**	vegetable
	la	**lettre**	letter
	le	**lièvre**	hare
	la	**limonade**	lemonade
	le	**lion**	lion
	la	**liste**	list
	le	**lit**	bed
	le	**livre**	book
		long/longue	long
		lundi	Monday
	la	**lune**	moon
M	la	**machine à laver**	washing machine
	le	**magazine**	magazine
		mai	May
		maintenant	now
		malheureusement	unfortunately
	le	**marché**	market
		mardi	Tuesday
		mars	March
	le	**manteau**	coat
		marron	brown
	le	**match**	match
	la	**mer**	sea
		mercredi	Wednesday
	la	**mère**	mother
	la	**météo**	weather forecast
	le	**miel**	honey
	le	**mois**	month
	le	**mot**	word
	la	**mouette**	seagull
		mouillé	wet
	le	**moulin**	windmill
	le	**mouton**	sheep
		mûr	ripe
N	la	**neige**	snow
	le	**nez**	nose
		noir	black
	le	**nombre**	number
		nouveau/nouvelle	new
		novembre	November
O		**octobre**	October
	l'(m)	**oiseau**	bird
		orange	orange
	l'(f)	**orangeade**	orangeade
	l'(m)	**ordinateur**	computer
	l'(f)	**oreille**	ear
	l'(m)	**os**	bone
		où	where
		ouvert	open

Vocabulaire P - Z Français/Anglais

P	le	**pain**	bread
	le	**pantalon**	trousers
		papa	daddy
	le	**papier**	paper
	le	**papillon**	butterfly
	le	**parc**	park
	les (mpl)	**parents**	parents
	les (fpl)	**pâtes**	pasta
	la	**patte**	foot (animal)
	le	**pays**	country
	la	**pelle**	spade
	le	**père**	father
		petit	small/little
	le	**petit déjeuner**	breakfast
	les (mpl)	**petits pois**	peas
	la	**pharmacie**	chemist's
	la	**pieuvre**	octopus
	le	**pique-nique**	picnic
	la	**piscine**	swimming pool
	la	**pizza**	pizza
	la	**plage**	beach
	le	**plancher**	floor
		plein	full
	la	**pluie**	rain
	la	**poire**	pear
	le	**poisson**	fish
	la	**pomme**	apple
	la	**pomme de terre**	potato
	le	**port**	port
	la	**porte**	door
	la	**poste**	post office
	la	**poule**	hen
	le	**poulet**	chicken
	la	**poupée**	doll
	le	**printemps**	spring
	le	**pull-over**	jumper
	le	**pyjama**	pyjamas
R	le	**rectangle**	rectangle
	le	**réfrigérateur**	fridge
	la	**règle**	ruler
	le	**renard**	fox
	le	**rideau**	curtain
	la	**rivière**	river
	le	**riz**	rice
	la	**robe**	dress
	la	**roue**	wheel
		rouge	red
	le	**ruban adhésif**	adhesive tape
S	la	**saison**	season
	le	**safari**	safari
	la	**salade**	salad
		salé	salty
	la	**salle à manger**	dining room
	la	**salle de bains**	bathroom
	le	**salon**	sitting room
		samedi	Saturday
	le	**savon**	soap
		sans	without
	le	**scarabée**	beetle
	le	**scotch®**	sellotape®
	le	**seau**	bucket
		sec/sèche	dry
	le	**sèche-cheveux**	hair-dryer
		septembre	September
	la	**serviette**	towel
	la	**shampooing**	shampoo
	le	**short**	shorts
		singe	monkey
	la	**soeur**	sister
	le	**soleil**	sun
		sont	are
	la	**sorte**	kind/sort
	la	**soupe**	soup
	la	**sous**	under
	la	**souris**	mouse
	le	**spectacle**	show
	le	**squelette**	skeleton
	la	**station-service**	service station
	le	**stylo**	pen
	le	**sucre**	sugar
		sucré	sweet/sugary
	le	**supermarché**	supermarket
		sur	on
	le	**sweat-shirt**	sweat-shirt
T	le	**tabac**	tobacconist's
	la	**table**	table
	la	**tache**	spot/stain
	le	**taille-crayon**	pencil sharpener
	le	**tapis**	carpet
	la	**tasse**	cup
	la	**taupe**	mole
	le	**tee-shirt**	tee shirt
	la	**télévision**	television
	la	**terre**	earth
	la	**tête**	head
	le	**thé**	tea
	la	**théière**	teapot
	le	**timbre**	stamp
	les	**toilettes**	toilet
	le	**toit**	roof
	le	**train**	train
	le	**transport**	transport
	le	**triangle**	triangle
	la	**trousse**	pencil case
	le	**tunnel**	tunnel
U	l'(m)	**univers**	universe
	l'(f)	**usine**	factory
V	la	**vache**	cow
	le	**vélo**	bike
		vendredi	Friday
	le	**vent**	wind
	la	**viande**	meat
	le	**verre**	glass
		vert	green
	les (mpl)	**vêtements**	clothes
		vide	empty
	la	**vie**	life
		vieux/vieille	old
		violet	purple
		voici	here is
	la	**voiture**	car
	le	**volet**	shutter
W	le	**walkman**	walkman
Y	le	**yaourt**	yoghurt
	les (mpl)	**yeux**	eyes
Z	le	**zèbre**	zebra

Vocabulary A - F English/French

	English		French
A	adhesive tape	le	ruban adhésif
	alphabet	l'(m)	alphabet
	animal	l'(m)	animal
	ant	la	fourmi
	apostrophe	l'(f)	apostrophe
	apple	la	pomme
	April		avril
	are		sont
	armchair	le	fauteuil
	August		août
	autumn	l'(m)	automne
B	badger	le	blaireau
	baker's	la	boulangerie
	ball	le	ballon
	banana	la	banane
	bank	la	banque
	basin	le	lavabo
	bat (animal)	la	chauve souris
	bath	la	baignoire
	bathroom	la	salle de bains
	beach	la	plage
	bed	le	lit
	bedroom	la	chambre
	bee	l'(f)	abeille
	beetle	le	scarabée
	behind		derrière
	between		entre
	big/large		gros/grosse
	big/tall		grand
	bike	le	vélo
	bird	l'(m)	oiseau
	birthday	i'(m)	anniversaire
	biscuit	le	biscuit
	black		noir
	blue		bleu
	boat	le	bateau
	boots	les(f)	bottes
	bone	l'(m)	os
	book	le	livre
	bottle	la	bouteille
	box/tin	la	boîte
	brain	le	cerveau
	bread	le	pain
	breakfast	le	petit déjeuner
	brother	le	frère
	brown		marron
	brush	la	brosse
	bucket	le	seau
	building	le	bâtiment
	burnt		brûlé
	bus	le	bus
	butcher's	la	boucherie
	butter	le	beurre
	butterfly	le	papillon
C	cabbage	le	chou
	café	le	café
	cake	le	gâteau
	calculator	la	calculatrice
	can	la	canette
	cantine	la	cantine
	cap	la	casquette
	capital	la	capitale
	car	la	voiture
	cardigan	le	gilet
	carpet	le	tapis
	carrot	la	carotte
	cat	le	chat
	cauliflower	le	chou-fleur
	chair	la	chaise
	cheek	la	joue
	cheese	le	fromage
	chemist's	la	pharmacie
	chest of drawers	la	commode
	chicken	le	poulet
	chimney	la	cheminée
	chips	les(fpl)	frites
	church	l'(f)	église
	cinema	le	cinéma
	circle	le	cercle
	clothes	les(mpl)	vêtements
	coat	le	manteau
	coffee	le	café
	cold		froid
	colour	la	couleur
	computer	l'(m)	ordinateur
	concert	le	concert
	cooker	la	cuisinière
	country	le	pays
	countryside	la	campagne
	cow	la	vache
	crab	le	crabe
	crayon	le	crayon de couleur
	crisps	les(m)	chips
	croissant	le	croissant
	cup	la	tasse
	curtain	le	rideau
	cushion	le	coussin
D	daddy		papa
	date	la	date
	day	le	jour
	December		décembre
	delicious		délicieux/délicieuse
	dice	le	dé
	dining room	la	salle à manger
	dinosaur	le	dinosaure
	dog	le	chien
	doll	la	poupée
	door	la	porte
	drawing	le	dessin
	dress	la	robe
	dry		sec/sèche
	duck	le	canard
E	ear	l'(f)	oreille
	earth	la	terre
	elephant	l'(m)	éléphant
	empty		vide
	eyes	les (mpl)	yeux
F	factory	l'(f)	usine
	family	la	famille
	famous		célèbre
	farm	la	ferme
	father	le	père
	February		février
	field	le	champ
	film	le	film
	fish	le	poisson

Vocabulary F - P English/French

	English		French
	fizzy		gazeux/gazeuse
	flag	le	drapeau
	floor	le	plancher
	flower	la	fleur
	foot (animal)	la	patte
	footprint	l'(f)	empreinte
	fork	la	fourchette
	fortunately		heureusement
	fossil	le	fossile
	fox	le	renard
	freezer	le	congélateur
	fresh		frais/fraîche
	Friday		vendredi
	fridge	le	réfrigérateur
	friend	l'(m)	ami l'(f) amie
	fruit	le	fruit
	full		plein
G	**game**	lo	jeu
	garage	le	garage
	girl	la	fille
	glass	le	verre
	glove	le	gant
	glue	la	colle
	grandfather	le	grand-père
	grandmother	la	grand-mère
	green		vert
	grey		gris
H	**hair**	les(mpl)	cheveux
	hair-dryer	le	sèche-cheveux
	half		demi
	ham	le	jambon
	hamster	le	hamster
	hare	le	lièvre
	hat	le	chapeau
	he/it		il
	head	la	tête
	hedgehog	le	hérisson
	hen	la	poule
	here is		voici
	hidden		caché
	honey	le	miel
	horse	le	cheval
	hospital	l'(m)	hôpital
	hot		chaud
	hotel	l'm	hôtel
	hour/o'clock	l'(f)	heure
	house	la	maison
I	**ice-cream**	la	glace
	in front of		devant
	is		est
J	**jam**	la	confiture
	January		janvier
	jeans	le	jean
	jug	la	carafe
	July		juillet
	jumper	le	pull-over
	June		juin
K	**kind/sort**	la	sorte
	kitchen	la	cuisine
	knife	le	couteau
L	**ladybird**	la	coccinelle
	lamp	la	lampe
	lemon	le	citron
	lemonade	la	limonade
	letter	la	lettre
	life	la	vie
	lightbulb	l'(f)	ampoule
	list	la	liste
	lion	le	lion
	long		long/longue
	lunch	le	déjeuner
M	**magazine**	le	magazine
	March		mars
	market	le	marché
	match	le	match
	May		mai
	meat	la	viande
	miller	le	meunier
	mole	la	taupe
	Monday		lundi
	money	l'(m)	argent
	monkey	le	singe
	month	le	mois
	moon	la	lune
	mother	la	mère
	mouse	la	souris
	mouth	la	bouche
N	**new**		nouveau/nouvelle
	newspaper	le	journal
	nose	le	nez
	November		novembre
	now		maintenant
	number	le	numéro
O	**October**		octobre
	octopus	la	pieuvre
	old		vieux/vieille
	on		sur
	open		ouvert
	orange		orange
	orangeade	l'(f)	orangeade
	oven	le	four
	owl	le	hibou
P	**pancake**	la	crêpe
	paper	le	papier
	parents	les(mpl)	parents
	park	le	parc
	party	la	boum
	pasta	les(fpl)	pâtes
	pear	la	poire
	peas	les(mpl)	petits pois
	pen	le	stylo
	pencil	le	crayon
	pencil sharpener	le	taille-crayon
	pencil-case	la	trousse
	picnic	le	pique-nique
	picture	l'(f)	image
	pig	le	cochon
	pineapple	l'(m)	ananas
	plane	l'(m)	avion
	plate	l'(f)	assiette
	pork butcher's	la	charcuterie
	port	le	port
	post card	la	carte postale
	post office	la	poste
	potato	la	pomme de terre
	present	le	cadeau

Vocabulary P - Z English/French

	English		French
	purple		violet
	pyjamas	le	pyjama
R	**rabbit**	le	lapin
	radio	la	radio
	rain	la	pluie
	rainbow	l'(m)	arc-en-ciel
	rectangle	le	rectangle
	red		rouge
	rice	le	riz
	ripe		mûr
	river	la	rivière
	roof	le	toit
	rubber	la	gomme
	ruler	la	règle
S	**safari**	le	safari
	salad	la	salade
	salty		salé
	sandcastle	le	château de sable
	Saturday		samedi
	scarf	l'(f)	écharpe
	school	l'(f)	école
	scissors	les(mpl)	ciseaux
	sea	la	mer
	seagull	la	mouette
	season	la	saison
	sellotape®	le	scotch®
	September		septembre
	service station	la	station-service
	shampoo	le	shampooing
	she/it		elle
	sheep	le	mouton
	shell	le	coquillage
	shelter	l'(m)	abri
	shirt	la	chemise
	shoe	la	chaussure
	short		court
	shorts	le	short
	show	le	spectacle
	shut		fermé
	shutter	le	volet
	sink	l'(m)	évier
	sister	la	soeur
	sitting room	le	salon
	skeleton	le	squelette
	skirt	la	jupe
	sky	le	ciel
	small		petit
	snail	l'(m)	escargot
	snow	la	neige
	snowman	le	bonhomme de neige
	soap	le	savon
	sock	la	chaussette
	sofa	le	canapé
	son	le	fils
	soup	la	soupe
	spade	la	pelle
	spider	l'(f)	araignée
	spot	la	tache
	spoon	la	cuillère
	spring	le	printemps
	square	le	carré
	stamp	le	timbre
	star	l'(f)	étoile
	station	la	gare
	strawberry	la	fraise
	sugar	le	sucre
	summer	l'(m)	été
	sun	le	soleil
	Sunday		dimanche
	supermarket	le	supermarché
	supper	le	dîner
	sweatshirt	le	sweat-shirt
	sweet	le	bonbon
	sweet/sugary		sucré
	swimming pool	la	piscine
T	**table**	la	table
	tea	le	thé
	teapot	le	théière
	tee-shirt	le	tee-shirt
	television	la	télévision
	thread	le	fil
	Thursday		jeudi
	ticket	le	billet
	tobacconist's	le	tabac
	toilet	les(f)	toilettes
	tooth	la	dent
	tooth paste	le	dentifrice
	toothbrush	la	brosse à dents
	towel	la	serviette
	town hall	l'(m)	hotel de ville
	toy	le	jouet
	train	le	train
	trainer	la	basket
	transport	le	transport
	tree	l'(m)	arbre
	triangle	le	triangle
	trousers	le	pantalon
	Tuesday		mardi
	tunnel	le	tunnel
U	**under**		sous
	universe	l'(m)	univers
V	**vegetable**	le	légume
W	**walkman**	le	baladeur
	walkman	le	walkman
	washing machine	la	machine à laver
	water	l'(f)	eau
	weather forecast	la	météo
	Wednesday		mercredi
	wet		mouillé
	wheat	le	blé
	wheel	la	roue
	where		où
	white		blanc
	wind	le	vent
	windmill	le	moulin
	window	la	fenêtre
	winter	l'(m)	hiver
	without		sans
	woolly hat	le	bonnet
	word	le	mot
Y	**year**	l'(f)	année
	yellow		jaune
	yoghurt	le	yaourt
Z	**zebra**	le	zèbre

Extra conversational pieces

Found as a conversation sheet in the teacher's handbook

Page 1: Je voudrais: une tasse de café/un paquet de pâtes/un kilo de pommes/un pot de confiture/un paquet de céréales/une canette de coca/une bouteille d'eau/un verre de limonade/un pot de miel/un pot de yaourt.

Page 4: David, où est mon ballon? Ton ballon est sous mon lit. Anna, où est ma souris? Ta souris est dans ma trousse! David, où est mon hamster? Ton hamster est sur ma tête. Anna, où est ma chauve-souris? Ta chauve-souris est dans mon bonnet.

Page 5: Comment t'appelles-tu? Je m'appelle Bilou. Quel âge as-tu? J'ai huit ans. Est-ce que tu es enfant unique? Oui, je suis enfant unique. Qu'est-ce que tu vois? Je vois quatre singes. Où habites-tu? J'habite à Mwabi.

Page 6: Maman, est-ce que le fromage est dans le réfrigérateur? Oui, le fromage est dans le réfrigérateur. Maman, est-ce que ma chemise est dans la machine à laver? Oui, ta chemise est dans la machine à laver. Maman, est-ce que le gâteau est dans le four? Oui, le gâteau est dans le four. Maman, est-ce que le savon est dans le lavabo? Oui, le savon est dans le lavabo.

Page 7: Ma serviette est mouillée. Ta serviette est sèche. Mon chat est petit. Ton chat est gros. Mes yeux sont petits. Tes yeux sont grands. Ma pizza est froide. Ta pizza est chaude.

Page 10: Je vais à l'église. Je vais au marché. Je vais à la pharmacie. Je vais au cinéma. Je vais à l'école. Je vais à la pâtisserie. Je vais à la boucherie. Je vais à l'hôpital. Je vais au supermarché. Je vais à la boulangerie. Je vais à la poste. Je vais au café. Je vais à l'hôtel. Je vais à la charcuterie. Je vais au tabac. Je vais à l'hôtel de ville.

Page 11: Où vas-tu? Je vais à l'hôpital. Où vas-tu? Je vais au cinéma. Où vas-tu? Je vais à l'église. Où vas-tu? Je vais au marché. Où vas-tu? Je vais au tabac. Où vas-tu? Je vais au café. Où vas-tu? Je vais à la boulangerie. Où vas-tu? Je vais à la poste.

Page 12: Est-ce que la boulangerie est fermée? Non, elle est ouverte. Est-ce que le nounours est nouveau? Non, il est vieux. Est-ce que la jupe est courte? Non, elle est longue. Est-ce que l'église est moderne? Non, elle est vieille.

Page 13: Bonjour, Fabienne. Comment vas-tu? Je vais bien, merci. Bonjour, Luc. Où vas-tu? Je vais au cinéma. Bonjour, Fabienne. Où vas-tu? Je vais à la boulangerie. Bonjour, Luc. Comment vas-tu? Je vais bien, merci.

Page 14: J'ai faim. Je voudrais du riz. J'ai faim. Je voudrais de la pizza. J'ai faim. Je voudrais du jambon. J'ai faim. Je voudrais de la glace. J'ai faim. Je voudrais de la salade. J'ai faim. Je voudrais du gâteau. J'ai faim. Je voudrais du poulet. J'ai faim. Je voudrais de la soupe.

Page 15: Bonjour. Bonjour. Comment vas-tu? Je vais bien, merci. Où vas-tu? Je vais à la boulangerie. Est-ce que la boulangerie est ouverte? Oui elle est ouverte. Est-ce que tu as faim? Oui, j'ai faim. Je voudrais un croissant, une baguette et un petit gâteau.

Page 16: Bonjour, Madame. Je voudrais un paquet de pâtes, s'il vous plaît. Voilà. Et avec ça? C'est tout, merci. Bonjour, Madame. Je voudrais une canette de coca froid, s'il vous plaît. Voilà. Et avec ça? C'est tout, merci. Bonjour, Madame. Je voudrais une boîte de soupe , s'il vous plaît. Voilà. Et avec ça? C'est tout, merci. Bonjour, Madame. Je voudrais un kilo de sucre et deux pizzas, s'il vous plaît. Voilà. Et avec ça? C'est tout, merci.

Page 17: Papa, j'ai soif. Je voudrais un chocolat chaud. Maman, j'ai soif. Je voudrais de l'eau gazeuse. Papa, j'ai soif. Je voudrais de l'eau froide. Maman, j'ai soif. Je voudrais une tasse de thé chaud. Papa, j'ai soif. Je voudrais un coca froid. Maman, j'ai soif. Je voudrais un jus d'orange. Papa, j'ai soif. Je voudrais un grand verre de limonade. Maman, j'ai soif. Je voudrais un verre d'orangeade.

Page 18: Bonjour, Fabrice. Où vas-tu? Je vais à la pâtisserie. Est-ce que l'hôpital est vieux? Non, l'hôpital est moderne. Bonjour Monique. Comment vas-tu? Je vais bien, merci. J'ai faim. Je voudrais du gâteau, s'il vous plaît. J'ai soif. Je voudrais un jus d'orange, s'il vous plaît.

Page 22: Est-ce que tu habites à Lyon? Non, je n'habite pas à Lyon, j'habite à Bordeaux. Est-ce que tu as onze ans? Non, je n'ai pas onze ans, j'ai dix ans. Est-ce que tu as des frères? Non, je n'ai pas de frère. Est-ce que tu es enfant unique? Non, je ne suis pas enfant unique.

Page 23: Est-ce que ton livre est dans ta chambre? Non, il n'est pas dans ma chambre, il est dans la cuisine. Est-ce que ton stylo est à la maison? Non, il n'est pas à la maison, il est à l'école. Est-ce que ta calculatrice marche? Non, elle ne marche pas. Est-ce que ton walkman marche? Non, il ne marche pas.

Page 25: Lundi je vais acheter du jambon à la charcuterie. Mercredi, je vais acheter des frites au magasin. Vendredi, je vais acheter un gâteau à la pâtisserie. Dimanche je vais acheter de la viande à la boucherie. Mardi, je vais acheter un paquet de soupe au supermarché. Jeudi je vais acheter du pain à la boulangerie. Samedi, je vais acheter des bonbons au magasin. Le week-end je vais acheter une glace.

Page 27: Salut Paul! Est-ce que tu vas au port? Non, je vais à la piscine avec ma soeur. Salut Christophe! Est-ce que tu vas au cinéma? Non, je vais au supermarché avec mon père. Salut Mathilde! Est-ce que tu vas à la gare en voiture? Non, je vais à la gare en vélo avec ma mère. Salut Marc! Est-ce que tu vas au parc avec ton frère. Non, je vais à la poste avec mon ami.

Page 28: Ma serviette est verte. Ta serviette est bleue. Est-ce que ton ordinateur marche. Non, il ne marche pas. Où est ton sèche-cheveux? Il est dans ma chambre. Est-ce que ta calculatrice marche? Oui, elle marche. De quelle couleur est ton écharpe? Mon écharpe est verte et violette.

Page 32: Est-ce que le concert commence à trois heures? Non, il commence à trois heures et demie. À quelle heure tu vas au cinéma? Je vais au cinéma à deux heures et demie. Le match commence à onze heures? Oui. Tu arrives à la boum à quelle heure? J'arrive à la boum à huit heures

Page 34: Vous désirez? Un coca s'il vous plaît. Voilà. Merci. Et avec ça? C'est tout merci. Ça fait combien? Ça fait deux Euros. Voilà. Merci. Au revoir. Au revoir.

Page 37: Quel temps fait-il aujourd'hui? Il fait chaud et il y a du soleil. C'est quand ton anniversaire? Mon anniversaire est le 30 juillet. Quel temps fait-il aujourd'hui? Il pleut et il fait froid. C'est quand ton anniversaire? Mon anniversaire est le 28 août.

Page 41: Quel âge a ton frère? Il a seize ans. Quel âge a ta soeur? Elle a neuf ans. Quel âge a ton frère? Il a dix-huit ans. Quel âge a ta soeur? Elle a quinze ans. Quel âge a ton père? Il a trente-neuf ans. Quel âge a ta mère? Elle a trente-cinq ans. Quel âge a ton grand-père? Il a soixante-deux ans. Quel âge a ta grand-mère? Elle a cinquante et un ans.

Page 43: Qu'est-ce que tu achètes à la boulangerie Paul? J'achète une baguette et trois croissants pour maman et une sucette pour moi. Qu'est-ce que tu achètes à la pharmacie, Fabienne? J'achète une nouvelle brosse à dents et du dentifrice. Qu'est-ce que tu achètes au supermarché Paul? J'achète du sucre, de la farine, des oeufs et du beurre pour faire un gâteau. Qu'est-ce que tu achètes au marché Fabienne? J'achète de la salade, des pommes et du fromage pour un pique-nique dans le parc.

Page 44: À quelle heure vas-tu au cinéma ce soir, Jean? Je vais au cinéma à six heures et demie. À quelle heure commence la messe à l'église? La messe commence à dix heures et demie. Quand vas-tu au café avec tes amis, Jean? Je vais au café le lundi, à trois heures. Est-ce que tu vas à l'école aujourd'hui, Jean? Oui, je vais à l'école cet après-midi.

Page 45: J'ai soif, mais malheureusement il n'y a pas de jus d'orange dans le réfrigérateur. J'ai soif, mais malheureusement il n'y a pas de lait dans le réfrigérateur. J'ai faim. Heureusement la boulangerie est ouverte. J'ai faim. Heureusement le supermarché est ouvert. J'ai froid mais malheureusement je n'ai pas de manteau. J'ai froid mais malheureusement je n'ai pas de gants. C'est l'été. Heureusement, il y a du soleil et il fait chaud. C'est l'hiver. Heureusement il ne fait pas trop froid mais il neige.

Page 46: Qu'est-ce que tu achètes à la gare? J'achète deux billets de train. Un pour mon père et un pour ma soeur. Qu'est-ce que tu achètes au tabac? J'achète des timbres pour ma mère et deux journaux pour mon grand-père. Qu'est-ce que tu achètes à la boulangerie? J'achète cinq croissants pour le petit déjeuner et une baguette pour le déjeuner. Qu'est-ce que tu achètes à la boucherie? J'achète de la viande pour le déjeuner et un poulet pour le dîner.

Page 47: J'ai une nouvelle brosse à dents bleue et ma soeur a une nouvelle brosse à dents rouge. Maman, il n'y a pas de savon dans la salle de bains. Paul, où est le dentifrice? Il est dans la salle de bains sur le plancher. Mireille, où est mon shampooing? Il est dans ma chambre sous ma serviette. Papa, où est ma brosse? Elle est dans le salon derrière le canapé.

Page 48: À quelle heure est-ce que tu te lèves? Je me lève à sept heures et demie. À quelle heure est-ce que tu prends le petit déjeuner? Je prends le petit déjeuner à huit heures. À quelle heure est-ce que tu vas à l'école? Je vais à l'école à huit heures et demie. À quelle heure est-ce que tu goûtes? Je goûte à quatre heures et demie. À quelle heure est-ce que tu vas au lit? Je vais au lit à neuf heures.

Page 50: À quelle heure tu prends le petit déjeuner? Je prends le petit déjeuner à huit heures. À quelle heure tu déjeunes? Je déjeune à midi et demi. À quelle heure tu goûtes? Je goûte à quatre heures et demie. À quelle heure tu dînes? Je dîne à sept heures et demie.